沖縄本島(1945年)
0 5 10 15km
伊平屋島
我喜屋
野甫島
具志川島
伊是名島
仲田
屋那覇島
辺戸岬
辺戸
辺野喜川
伊部岳
伊湯岳
新川
伊江島
備瀬崎
伊江島飛行場
西江前
古宇利島
中ノ瀬
運天港
屋我地島
瀬底島
渡久地
水納島
本部半島
多野岳
平良湾
名護
国頭
名護湾
久志
大浦湾
恩納岳
石川岳
金武
漢那川
残波岬
読谷山
石川
金武湾
座喜味
中頭
伊計島
北(読谷)飛行場
嘉手納
宮城島
渡具知
藪地島
中(嘉手納)飛行場
平安座島
勝連半島
島袋
浜比嘉島
北谷
宜野湾
浮原島
ガンヌ島
中城
牧港
城間
神山島
中城湾
津堅島
クエフ島
天久
前田
南上原
首里
伊瀬島
那覇
運玉森
与那原
小禄
知念半島
南風原
大里
久高島
島尻
東風平
与座岳
糸満
八重瀬岳
湊川
伊敷
米須
摩文仁
喜屋武岬

決定版

写真記録 沖縄戦

国内唯一の〝戦場〟から〝基地の島〟へ

大田昌秀 編著

高文研

◈——まえがき

沖縄戦の惨劇を忘れないために

日本の敗戦後69年目を迎えました。まさに「光陰《こういん》矢の如《ごと》し」の感がしてなりません。

半世紀以上も経ったその間、私が一日たりとも忘れることができないのは、太平洋戦争末期に身をもって体験した沖縄戦のことです。それは、私にとって戦時中から現在に至る私の人生の生き方の原点になっているからです。

すなわち、沖縄戦の最後の決戦場たる沖縄本島南部の摩文仁《まぶに》の海中で意識を失い、九死に一生を得て、海岸の岩山に敗残の身を潜めていた時、もしも生き延びることができたら、この戦争の実態や「聖戦」と称されたのとは逆に、世にもおぞましい戦争に如何にして駆り出されたのか、その経緯についてぜひとも明らかにしたいと自らの心に固く誓ったのです。しかしいまだ、その想いは完結していないので、忘れ去るわけにはいかないのです。

未完の理由は、沖縄戦の内実が殊のほか奥深く複雑多岐な上、日本・沖縄・米国三者がじかに関与した戦闘のため、可能なかぎり三者の資料を収集してそれをバランスよく整序、分析しないと、その全容を把握することは困難だからです。そのため私は、延べ20年間もアメリカの国立公文書館に通い続けて、米軍報道班の撮影した沖縄戦の写真や関連資料を可能なかぎり収集してきました。

しかも、実際に戦場で戦ったのは、正規の職業軍人だけでなく、現地召集の防衛隊や義勇隊のほか、県下12の男子中等学校と10の女学校の生徒たちから14歳未満の子どもたちまでが含まれていて、それらすべての戦闘体験を的確に網羅することは容易でないからです。

あまつさえ、それら県下のすべての男女中等学校の生徒たちが、法的根拠がないまま戦場に駆り出された実情など、解明すべき課題があまりにも多すぎるからです。

ちなみに、10代の少年少女を戦闘員として戦場に動員できる「義勇兵役法」が日本本土で公布されたのは、沖縄守備軍司令官牛島満中将と長《ちょう》勇参謀長が摩文仁が丘の洞窟司令部内で自決し、守備軍の組織的抵抗が止んだまさにその日、1945年6月22日のことでした。この法律によって、男性の場合は15歳から60歳まで、女性は17歳から40歳までを戦闘員として戦場へ送り出すことがはじめて可能になったのです。

従来、沖縄戦の研究は、主として沖縄県史と市町村史に依拠してなされましたが、最近は、各市町村で「字《あざ》誌」が次から次へと発刊されるようになり、それらの中には到底看過できない重要な証言が数多く採録されています。そのため、沖縄戦については改めて総ざらいする必要があることを痛感し、作業を始めています。

近年の沖縄戦研究の深化に伴い、数千体に及ぶ戦死者の未収骨の問題や、数千発に及ぶ不発弾の処理の問題等々のほか、精神病理学者などの尽力によって、沖縄戦への参加を余儀なくされ生きのびた地元の高齢者たちのＰＴＳＤ（心的外傷後ストレス障害）が、本土にくらべて極めて高率を占めている事実が明らかにされています。いきおい沖縄の人びとは、沖縄戦は今も続いていると言っているのです。

それにもかかわらず、戦中世代が激減するのに反比例して現在は戦無派世代が急増しているため、沖縄戦の表現を絶する惨禍が、いつしか忘却の彼方に追いやられる傾向がかつてなく強まっています。そのため、じかに戦争を体験した世代は、愛して止まない沖縄を二度と再び戦場にしてはならないとの強い思いから、生きているかぎり、繰り返し自らの経験について書き続け、語り続けねばなりません。それは、戦争を生き延びた者の余生を生きる意味にほかならないからです。本書はその想いの一環にほかなりません。

ここで強調しなければならないことは、現在沖縄で大騒ぎの基となっている普天間飛行場の名護市辺野古への新基地建設問題についてです。辺野古の海風が吹き荒《すさ》ぶ海岸にテントを張り、90代のおばあさんたちや80代のおじいさんたちが座り込んで抵抗しています。しかも十数年間もの長きにわたって新たな基地を絶対に造らせないと頑張っているのです。いずれも戦争体験者たちだからできることなのです。

読者諸賢がこうした実情を汲み取り、戦争世代の意のあるところを考えながら本書を一読していただけたら幸甚に存じます。

2014年3月

大田　昌秀

✧――もくじ

装丁＝商業デザインセンター・ 増田 絵里

アジア太平洋戦争

沖縄戦に至るまで

1941（昭和16）年12月8日、日本海軍はハワイの米海軍基地・真珠湾を奇襲、その直前に陸軍はマレー半島に奇襲上陸を決行、直後に日本は米英国に宣戦を布告し、太平洋戦争が始まった。

日本軍は当初、東南アジアの国々（当時、イギリス、フランス、オランダ、米国の植民地だった）や太平洋の島々をまたたく間に占領してしまうが、翌42年6月に中部太平洋のミッドウェー海戦で大敗したことが転機

日本海軍の奇襲攻撃で炎上する米戦艦ウエスト・バージニア。

太平洋戦争での連合軍の反攻ルート

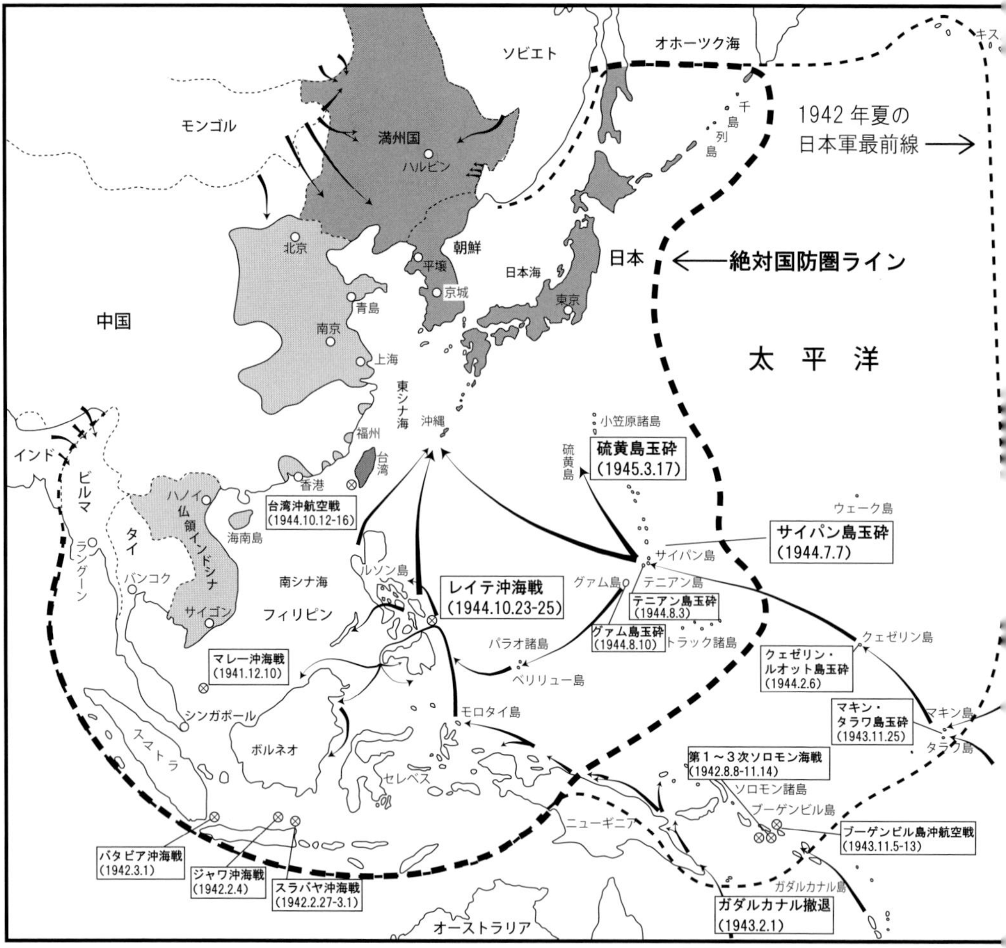

となって、戦況が逆転した。米軍は、オーストラリア東方のガタルカナル島攻撃から反撃を開始し、以後、圧倒的な物量で太平洋の島々を攻略しながら日本をめがけて北上を続ける。

1943（昭和18）年9月、日本政府・軍は、「絶対国防圏」（絶対に守らなければならないエリア）を設定し、その外側で米軍の反撃を阻止しようとするが、翌44年に入ると、2月には早くもその圏内のトラック諸島（日本海軍の一大拠点　現チューク島）を壊滅させられ、つづいてサイパン島などマリアナ諸島が攻撃を受ける状況となった。

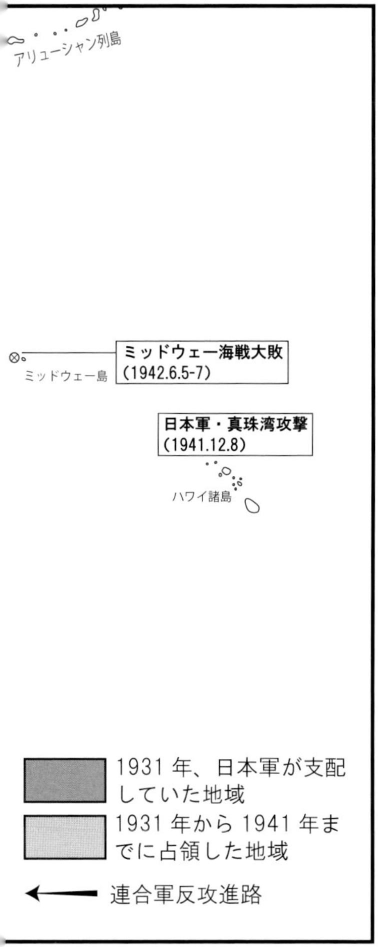

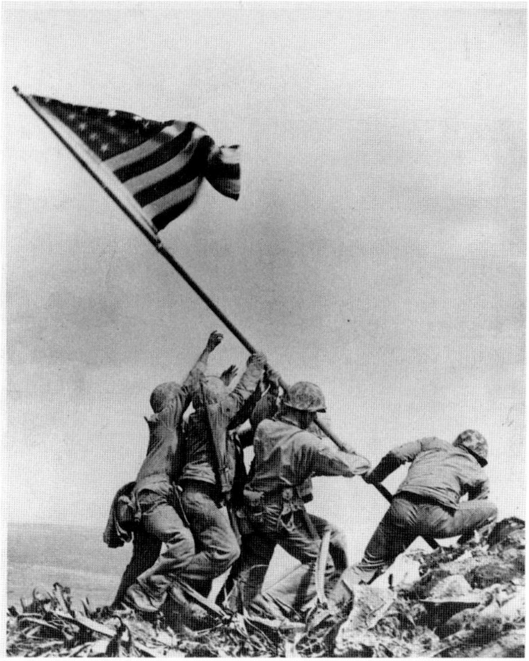

沖縄攻撃に移る直前、1945 年 3 月 17 日、米軍は硫黄島を攻撃、占領。日本軍守備隊全滅、戦死者２万人余。

米軍の予想以上の進撃に「絶対国防圏」がもろくも崩れつつある中で、日本政府・軍は、新たな防衛ライン (フィリピン―台湾―沖縄) を定めることを余儀なくされ、それまで無防備に近かった沖縄に軍を配備することを決めた。こうして同年３月に編成・配備されたのが沖縄守備軍（第 32 軍）であった。

一方、サイパン島、テニアン島、グアム島を占領した米軍は、沖縄に守備軍が配備された半年後の 44 年 10 月、当初予定していた台湾進攻を省《はぶ》いて、次の攻略目標を沖縄にすることを決定、太平洋艦隊ニミッツ司令長官が、太平洋地域の部隊に対し、「太平洋地域の全軍は、1945 年 1 月 20 日には硫黄島を占領、そのあと３月１日には琉球に地歩を確保せよ」の命令を発した（実際の沖縄上陸作戦は約１か月近く遅れた）。まさに沖縄の運命が決定した時であった。こうして、米軍は、着々と沖縄へ上陸する準備を始めたのである。

要塞化する沖縄と戦争前夜

1944（昭和 19）年３月 22 日、南西諸島方面の防備を強化するため、第 32 軍（沖縄守備軍）が創設された。そして同年５月から９月にかけて、急速にその陣容が強化され、沖縄諸島をはじめ先島《さきしま》諸島（宮古《みやこ》諸島・八重《やえ》山《やま》諸島）へ日本軍の戦闘部隊が次々と送り込まれた。

沖縄の各地域では、学校や公民館、民家が兵舎として使われたほか、食糧をはじめ牛、馬までが徴発された。また、牛島満司令官が着任した８月以降になると、各部隊の本格的な陣地構築が始まり、沖縄全域から、労務者や勤労奉仕隊として住民が徴用され、飛行場づくりや陣地構築にあたった。こうして沖縄は急速に全島が要塞化していった。

同年７月７日にマリアナ諸島のサイパン島が玉砕すると、米軍の沖縄への来寇《らいこう》は必至とみて、国は、奄美《あまみ》大島以南の南西諸島から、本土へ８万人、台湾へ２万人の計 10 万人の老幼婦女子を疎開させることを決定した。しかし、疎開先での生活への不安、すでに富山丸、嘉義《かぎ》丸などが沈没させられている海上での危険などから、疎開業務はうまく進まなかった。中でも学童の疎開は、希望者が少なく、第一陣が出発したのは８月中旬になってからであった。そんな状況の中で起こったのが対馬《つしま》丸の遭難だった。

８月 22 日、那覇から長崎に向かっていた学童疎開船・対馬丸（6700 トン）が、奄美大島の東北海上、悪石島《あくせきとう》近くで米潜水艦・ボーフィン号の魚雷攻撃を受けて沈没。乗船者 1788 人（７歳から 15 歳の学童、引率の先生や一般人、兵士、船員）のうち、学童 780 人を含む 1482 人が亡くなった。

この事件は、軍命によって県民には極秘とされたが、いつしか県民の知

学童疎開船・対馬丸。

対馬丸を沈没させた米潜水艦・ボーフィン号。

▼ 10・10 空襲。米艦載機の空襲で燃え上がる那覇港。

米艦載機の空襲で燃え上がる本部の町と瀬底〈せそこ〉島（10月10日）。

るところとなり、人びとはますます疎開に対して消極的になっていった。しかし、10月10日の米軍機による激しい空襲は、県民に戦争の恐ろしさを見せつけ、以後、疎開は一気に進み、最終的には本土に6万人、台湾に2万2000人が疎開した。

なお、学童疎開に限ってみると、1944年8月12日に第1陣が出発、同年9月までに5586人が、海を渡って熊本、宮崎、大分の3県に疎開したが、この対馬丸の遭難は、日本の戦時下疎開の中でも最大の悲劇であった。

ところで、疎開は、将来のために子どもたちを生かしておくためという判断もあったが、むしろ沖縄戦必至の戦況の中で軍の足手まといにならないようにするため、また、約8万人の守備軍の食糧を確保するための住民の「口減らし」をするという軍の意向を強く反映するものであった。

対馬丸の遭難から2か月後の10月10日、守備軍は予想もしなかった

沖縄守備軍首脳たち。米軍上陸を前にした 1945 年２月の撮影。１大田実海軍中将 ２牛島満第 32 軍司令官　３長勇参謀長　４金山均歩兵第 89 連隊長　５北郷格郎歩兵第 32 連隊長　６八原博通高級参謀

沖縄防衛の日本軍主要部隊の編成

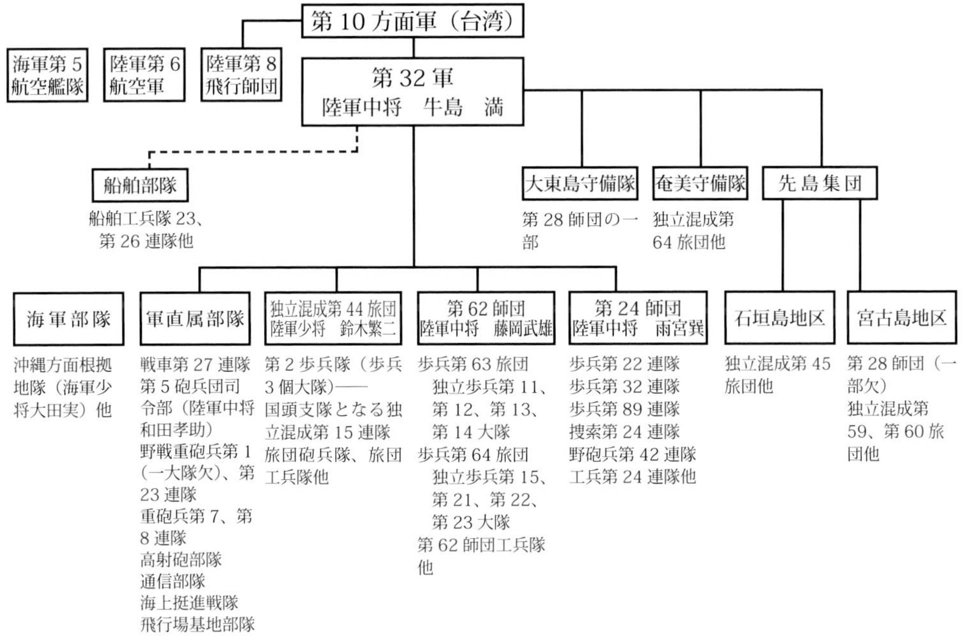

不意打ちを受けた。その日、県都・那覇市を中心に沖縄全域が、米艦載機《かんさいき》による5次にわたる猛烈な空襲を受けたのである。とくに那覇市の被害は大きく、市街地の90％が焼き払われてしまった。

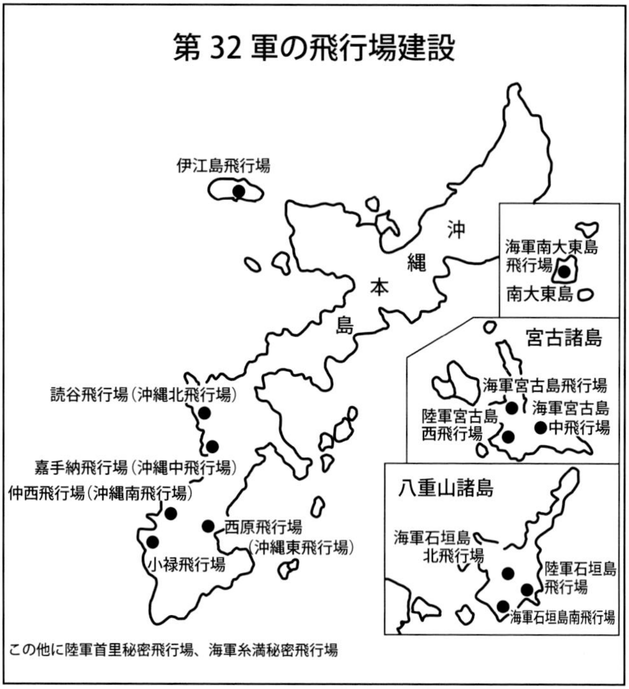

第32軍の飛行場建設

この空襲での被害は、焼失家屋1万1451戸、軍民の死者は668人、負傷者は約800人に上った。そのうえ、県民の食糧（米）の1か月分が焼失し、守備軍の食糧や弾薬も大きな損害を受けた。

県民は、この空襲で、米軍の圧倒的な力と、戦争の恐ろしさをまざまざと見せつけられることになった。那覇では、空襲が止むと、国頭《くにがみ》方面への疎開命令が伝えられ、市民は、せきたてられるように国頭の疎開地へ移動していった。

★日本軍の編制

旧日本陸軍では編制単位として「総軍」、「方面軍」、「軍」、「師団」、「旅団」、「連隊」、「大隊」、「中隊」、「小隊」があった。うち平時にも設置されているものは師団から中隊で、「軍」以上は、戦争や事変の際に軍令などにより設置された。旅団以上には司令部が設けられ、連隊以下中隊までは本部が置かれた。

米軍、慶良間諸島に上陸

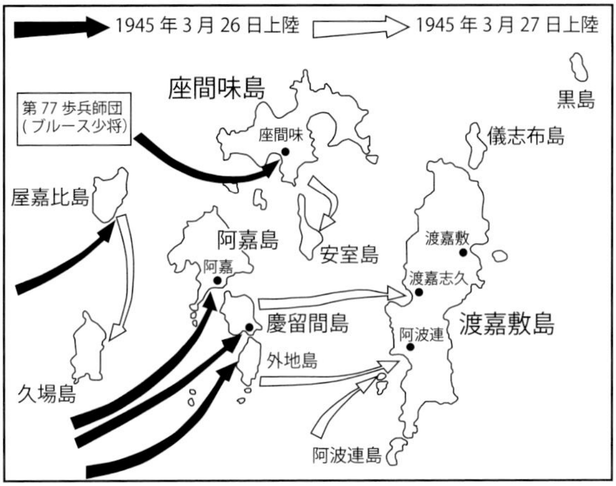

1945年3月に硫黄島を占領した米軍は、いよいよ日本本土攻撃の最後のトリデとなる沖縄の攻略にかかった。そのため、後方支援部隊も含めると54万8000人もの兵員と1500隻の艦船という圧倒的な戦力を沖縄に差し向けた。

これに対し、沖縄守備軍（第32軍）は、陸軍約8万6000人、海軍約1万人（ただし陸上兵力）、現地で動員した防衛隊・学徒隊約2万5000人であった。数においても、質においても守備軍を圧倒的に上回る米軍の攻撃部隊であり、当初から勝負は決まったも同然であった。

米軍は、3月23日から南西諸島全域に艦載機による波状攻撃をかけ、そして、3月26日早朝、艦砲の支援を受けて、県都・那覇市の西20～40キロ、東シナ海に浮かぶ慶良間《けらま》諸島を襲った。

米軍の慶良間諸島攻略の目的は、本島上陸に備えて、同諸島に配備された日本軍の海上特攻基地を壊滅させるとともに、その内海に水上機基地と後方補給基地を確保することだった。

慶良間諸島は、大小20余の島々からなり、穏やかで水深の深い内海をもち、艦隊の避難場所としても錨地《びょうち》としてもその価値は高い。

米軍が拿捕した「マルレ」（海軍では「震洋」）と呼ばれた日本軍の木製の水上特攻艇。「マルレ」は、艇首に300キロ爆弾を搭載し、時速40キロのスピードで敵艦に体当たりする兵器。守備軍は、慶良間諸島にその特攻艇の基地を置き、上陸作戦に向かう米艦船を背後から襲う計画だった。この特攻艇は、糸満、与那原、港川、北谷にも配備されていた（海軍の「震洋」は金武、屋嘉に配備）。

日本軍は、「米軍は最初に沖縄本島を攻略し、その後に周辺離島を攻める」と予想していた。しかし米軍は、その裏をかいて、真っ先に慶良間諸島に上陸したのである。守備軍は、本島に上陸する米船団を背後から奇襲攻撃すべく同諸島に約300隻の海上特攻艇を配備していたが、地上兵力もないため、突然の米軍の上陸に、なすすべもなく、31日までに完全に制圧されてしまった。

つづいて米軍は、31日、那覇の西10キロにある無人島・神山島（チービシ）を制圧、そこに砲兵大隊を置き、24門の155ミリ砲を据え付けて、早くも首里、那覇に向けて砲撃を開始した。

ところで、この慶良間諸島では、実にむごたらしい事件が起こった。座《ざ》間味《まみ》島、渡嘉敷《とかしき》島、慶留間《げるま》島で700人余の住民が、敵の捕虜になる恐怖感などから絶望の果て、「集団自決」（強制集団死）に追い込まれたのだ。逃げ場のない小さな島々では住民たちは否応なく戦火に巻き込まれる。

米軍の慶良間諸島上陸作戦（3月27日）。

上陸に先立って慶良間諸島の渡嘉敷島を砲撃する米戦艦アイダホ（3月25日）。

「軍官民共生共死」の思想を徹底的にたたき込まれていた住民たちは、軍の指示もあって1か所に集められ、「鬼畜米英」に捕らえられる恐怖から、自ら命を絶ったり、肉親に手をかけるなどしたのである。

こうした惨劇は、米軍が上陸した読谷村《よみたんそん》（チビチリガマ）などをはじめ、多くの場所で起こった。この事実は、ぜひ記憶にとどめておいてほしい。

守備軍からの発砲に道いっぱいに身を伏せる米兵たち（3月31日　渡嘉敷島）。

上陸後間もなく、木の生い茂った地域を進撃する米軍（3月31日）。

★防衛隊

防衛隊とは、「陸軍防衛召集規則」によって防衛召集された人たちを呼ぶ名称で、部隊名をさすものではない。沖縄では、二次にわたって防衛召集が行われ、約2万5000人が召集を受け、各部隊に配属された。すでに召集された人以外で17歳から45歳までの男子が対象となったが、実際には13歳から60歳くらいまでの人たちや病人までも召集された例もあった。そのほとんどが、一度も銃を持ったことも軍事訓練を受けたこともない人たちだった。

防衛隊の主な仕事は、飛行場や陣地の構築、戦場での食糧や弾薬の運搬ばかりでなく、戦闘が激しくなると手榴弾や爆弾を抱えての斬り込みにも駆り出された。およそその6割にあたる約1万3000人が戦死した。

平和時には考えることもできない「集団自決」が決行された（米軍の説明では沖縄本島南部での砲撃による死とあるが、この場の様子から「集団自決」と見られる）。

慶良間諸島では、約700人の住民が、それまで教え込まれていた「軍民一体」の観念と軍による指示、それに「鬼畜」米英に捕らえられたさいの恐怖から、最愛の家族の命を自らの手で断つ「集団自決」に追い込まれた。

集団での「自決」に失敗して米軍に保護された人びと（慶留間島）。

米軍に保護され、米兵の監視下、身を寄せ合う座間味島の住民たち（3月27日）。

米軍に捕らえられ、民家に収容された日本軍兵士たち（3月28日　座間味島）。

「集団自決」の現場から奇跡的に生還した少女（3月29日　渡嘉敷島）。

座間味村役場の入り口に貼り出された米国海軍軍政府布告第１号に見入る住民たち。この布告によって、この地域における日本帝国政府の全ての行政権、司法権が停止された。米太平洋艦隊司令長官兼南西諸島軍政府長官ニミッツ元帥の名前で出されたため「ニミッツ布告」と呼ばれた（3月 26 日　座間味島）。

米軍、沖縄本島に上陸

4月1日、未明から夜明けにかけて、100隻余の米軍艦から沖縄本島中部の西海岸（現在の読谷《よみたん》村、嘉手納《かでな》町、北谷《ちゃたん》町の海岸）に数万発もの艦砲弾やロケット弾が撃ち込まれた。さらに艦載機が加わって爆撃、機銃掃射を繰り返した後の午前8時30分、上陸用舟艇、水陸両用戦車が揚陸艦から下ろされて同海岸に向けていっせいに前進を開始した。サイモン・B・バックナー陸軍中将が率いる米第10軍の陸上戦闘部隊である。

太平洋戦争で日米最後の戦闘であり、太平洋戦争中で最も激烈な陸上戦として知られる沖縄戦の沖縄本島での闘いの始まりであった。

第一波、1万7000人が上陸を終え、戦車や火砲も続々と陸揚げされる。しかし、守備軍からの反撃はまったくない。この上陸を、有名な従軍記者アーニー・パイルは、「われわれはまるでピクニックのように靴を濡らすことなく上陸した」と記す。

では、日本軍はどこにいたのか。

沖縄戦では、守備軍は、太平洋の多くの島々でとってきた水際《みずぎわ》作戦（上陸してくる敵を海岸線で撃滅する作戦）をとらなかった。

それは、日本軍が「本土決戦」を決めたものの、そのころはまだ本土決戦のための準備が60％ほどしかできていなかった。そのため、日本軍は、「本土での決戦体制ができるまで、米軍の足を1日でも長く沖縄に引き留めておく」必要があった。守備軍は、沖縄で長く持ちこたえるためには、戦力的に水際作戦をとるのは無理と判断したのだ（沖縄戦が始まる直前に守備軍は最精鋭部隊といわれた第9師団〈兵員1万3800人〉を台湾に引き抜

上陸に先立って、上陸地点の海岸に集中砲火を浴びせる米戦艦ネバダ（４月１日）。

上陸地点の海岸を砲撃する米中型揚陸艦。

沖縄へ向かって、太平洋上を進む米機動部隊。

戦艦に守られ、波を蹴立てて上陸地点に向かう米水陸両用車（4月1日)。

かれ、戦力が低下していた)。

だから、沖縄守備軍は、確実に「時間稼ぎ」をするために、司令部のある首里を中心に幾重にも堅固で複雑な地下防御陣地を敷き、そこに軍の主戦力、精鋭部隊を配置し、米軍を迎え撃つべく待っていたのだ。

ところで、米軍上陸部隊は、その日のうちに日本軍の2つの飛行場（読谷の北飛行場、嘉手納の中《なか》飛行場）を簡単に占領し、守備軍の本格的な抵抗にあうことなく、さらに東に進み、4月3日には沖縄本島の東海岸に達して、本島を南北に分断してしまった。その進攻はあまりにも速く、後方からの補給が間に合わなくなるほどだったとも記録されている。そして、コザ、東海岸中城《なかぐすく》の久場崎《くばさき》付近での守備軍の抵抗を排して、4月4日までに占領した地域は、長さ24キロ、幅は5～15キロに及んだ。

沖縄本島は南北に細長い島だ。もっとも狭い中部の仲泊《なかどまり》―石川間はわずか4キロ。ほぼこの線以北は、「山原《やんばる》」と呼ばれ、沖縄版山岳地帯である。沖縄の人口は、この線より南の中部一円、つまり首里《しゅり》、那覇、島尻《しまじり》（首里・那覇より南一円）に集中している（当時、沖縄には45万人が残っていたといわれる)。こうして米軍の素早い分断によって、南部の住民の多くは山原への避難の道を閉ざされ、米軍に追われてやがて激戦地となる南部へ南部へと逃げ延びることになる……。

4月1日はイースター（復活祭）の日。上陸した米海兵隊の第一波に日本軍の反撃はなく、米兵たちは「まるでエイプリル・フールのようだ」とつぶやいたという。

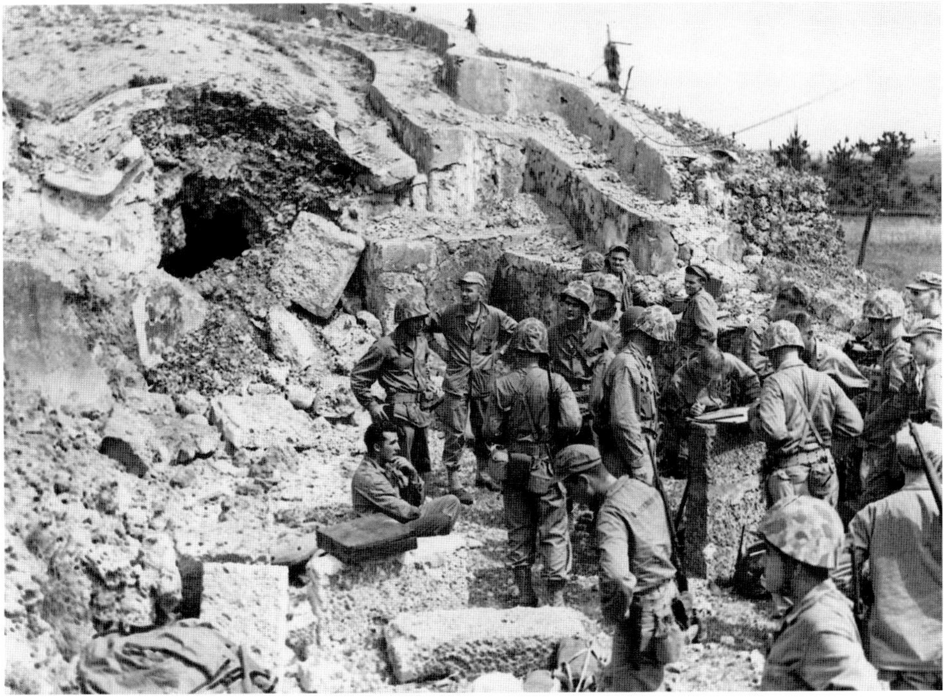

米軍は上陸 30 分後、住民の聖地である亀甲墓の前庭に、戦闘指揮所を設置した。墓は、上陸前の砲撃で見る影もない。

保護され、水陸両用トラックで収容所へ送られる住民たち（４月１日）。

戦場で保護された３人の農夫（４月２日）。

米軍は上陸したその日に北飛行場（読谷）を占領、ただちに整備に取りかかった。写真は大破した日本軍機を滑走路の外へ寄せる建設大隊のトラクター（４月２日）。

中飛行場（嘉手納）に置かれた日本軍のダミー飛行機（４月２日）。

▲日本軍が撤退時に放棄していった一人乗り木製の人間ロケット「桜花」。桜花は、全長約６メートル、重量 1700 キロ、爆薬を胴体部分に積み、双発爆撃機の胴体下に取り付けられた。敵艦から数十キロの上空で離脱してロケットエンジンで発進し、高速で目標に突入。米兵は、このロケットを「バカ爆弾」と呼んだ。

▼読谷村古堅部落を通り、前線に向かう米戦車。

沖縄本島・周辺離島
米軍侵攻略図
(1945 年 3 月〜 6 月)
4月3日の米第 10 軍占領地位
米軍の第一線
伊平屋島
6.3
第8海兵連隊上陸
伊是名島
辺戸岬
辺戸
4.13
4.19
安波
第6
海兵師団
伊江島
4.20
第6海兵師団占領
古宇利島
備瀬
八重岳
本部半島
屋我地島
平良
4.11
平良湾
4.16－21
第 77 歩兵師団占領
水納島
瀬底島
4.8
名護
国頭
6.9
第8海兵連隊上陸
4.13
偵察大隊上陸
名護湾
4.8
粟国島
東シナ海
4.5
大浦湾
久志
北(読谷)飛行場
金武
4.7
偵察
石川
金武湾
伊計島
第 6 海兵師団
嘉手納
中頭
4月1日
米第 10 軍上陸
第 1 海兵師団
渡具知
中(嘉手納)
飛行場
宮城島
第 7 歩兵師団
平安座島
第 96 歩兵師団
島袋
勝連半島
浜比嘉島
4.10
第 27 歩兵師団上陸
慶伊瀬島
中城
3.31
偵察大隊上陸
牧港
中城湾
4.19
津堅島
海軍
司令部
5.29
沖縄守備軍(第 32 軍)司令部
那覇
首里
与那原
小禄飛行場
知念半島
＊慶良間諸島侵攻略図は、13 ページを参照。
島尻
久高島
6.11
八重瀬岳
糸満
港川
4.1
第 2 海兵師団
陽動作戦実施
6.20
6.20
摩文仁
喜屋武岬
与座岳
6.26
米軍政府
分遣隊上陸
久米島

古い石橋を渡って前線へ向かう米海兵師団の兵士たち。

本島中部戦線での日米両軍の死闘

4月8日ころ、首里をめがけて南進する米軍が守備軍の第一防衛線である牧港《まきみなと》（西海岸線）—嘉数《かかず》—我如古《がねこ》—南上原—和宇慶《わうけ》（東海岸線）を結ぶ線に到達すると、それまでほとんど沈黙していた守備軍が猛烈な反攻を開始、本格的な戦闘が始まった。

標高70メートルの嘉数高地には、米軍のやってくる北側の急斜面には機関銃その他の銃座やトーチカ、南側斜面に迫撃砲や速射砲が置かれ、地下には、あちこちに移動できるようにたくさんのトンネルが掘られているという複雑堅固な陣地だった。また嘉数高地の周辺のいくつかの丘も同様の陣地がつくられ、相互に支援することができた。

守備軍は、戦車を先頭に迫ってくる攻撃には北側の銃座から対戦車砲で反撃、地上の火砲や軍艦からの艦砲砲弾には地下のトンネルで避け、丘の上を米軍に占領されたら、今度はトンネルの南側の出口から出て、稜線越しに迫撃砲や速射砲で攻撃を仕掛けて追い落とす作戦をとった。

こうして、昼夜ごとに丘を奪い合うという激戦が、4月8日から4月24日まで続いた。

しかし、圧倒的な米軍の前に、守備軍は戦力が低下、両翼の海岸線を破られ、ついに嘉数高地から撤去、1.5キロ南の第二防衛線の前田高地（浦添城跡）、仲間高地まで後退した。

そこで、疲労消耗した第62師団を西側に移し、南部で待機していた第24師団が前面に配備された。

守備軍の後退を知った米軍は、26日には前田高地に迫った。前田高地

前線へ向かう道をならす米戦車部隊（4月10日）。

は標高148メートルの丘。ここでも嘉数高地同様の激しい一進一退が繰り返された。

ところで、苦戦が続く守備軍内では、余力のあるうちに総攻勢に出ようという意見が出て、5月4日に大規模な総攻撃が行われた。しかし結果は、一昼夜で24師団の5割、第44旅団の2割、計5000人が死傷し、砲兵団は弾薬のほとんどを失ってしまうという大失敗に終わった。

以後、守備軍は戦線を建て直し、執拗に反撃を続けるが、ついに5月11日ころには、防衛線は、西岸の那覇、中央の首里、東海岸の運玉森《うんたまもり》を結ぶ東西13キロに圧迫されてしまった。

そのあと米軍は、安《あ》謝《じゃ》川を渡河、首里西方2キロの天《あめ》久《く》台《だい》に進んだ。天久台の南端には、52高地（現、那覇市おもろまちの丘陵地）がある。米軍が「シュガーローフ」（砂糖のかたまり）と呼んだこの高地では、12日から1週間に及ぶ激しい死闘が行われ、18日に米軍が占領した。このわずか1週間の戦闘で米軍は2662人の死傷者と、1289人の戦闘神経症患者を出したほどの激しさだった。

一方、18日には米軍は首里北方の石嶺《いしみね》を突破、21日には東側の拠点である運玉森を占領、ついに首里は三方から米軍に包囲されてしまった。

ところで、嘉数付近から首里までは直線距離にしてわずか5キロほどである。そこで約40日余にわたって激しい戦闘が繰り広げられたのだ。しかもその終盤は梅雨時の豪雨の続く、まさしく「泥の中での闘い」であった。

この間の闘いを米軍は「ありったけの地獄をまとめた戦場」と呼んだ。圧倒的火力を持つ米軍ではあったが、戦車や装甲車が泥にはまって立ち往生するなど時間のかかる闘いでもあった。

この戦闘における日米の損害は甚大だった。

守備軍は戦死者約6万3000人で、兵力の60％近くを失い、戦闘能力はほぼ壊滅状態に陥ってしまった。一方米軍は、戦死、行方不明者約5700人、負傷者1万2500人を出すという惨憺《さんたん》たる状況だった。

★米軍が配備した「軍政要員」

米軍は、それまでの島嶼作戦の体験に照らして、沖縄でも住民の管理が避けられないことを十分に認識していた。そのため、戦闘部隊には住民の世話を見る「軍政要員」を必ず配備するとともに、食糧などをはじめ、生活必需品から医薬品に至るまで住民用に大量の物資を用意してきた。

沖縄の歴史や文化、言葉を学んでいたこれらの軍政要員によって、沖縄本島への上陸からわずか1か月の間だけでも12万6000人の地元住民が保護・管理された。この軍政要員、戦闘たけなわのころには、その数5000人にも達したと記録されている。

かりにこうした軍政要員がまったくついていなかったら、住民の死傷者数はどれだけの数に上ったか、戦慄《せんりつ》を禁じ得ない。

▲守備軍の狙撃によって進撃を阻まれた米陸軍歩兵たち（4月）。

▼手あたり次第、民家に火を放って前進する米兵たち。

47
47
44
44

守備軍の陣地めがけてロケット弾を発射する米コルセア戦闘機。

▲守備軍の陣地に造られた地下砲台。後退にあたって自ら砲身を爆破した。

▼牧港川に橋を架けるために浮桟橋を運び込む米軍（4 月 20 日）。

▲亀甲墓の入り口で助けを待っているふたりの幼子。この亀甲墓があったのは、本島中部の激戦地、前線からわずか 150 メートルのところ。このあと米軍政要員に無事救助された（4 月 23 日）。

▼亀甲墓の入り口で射殺された住民（5 月）。

守備軍の外郭陣地を攻撃する米軍（前田高地）。

▲頑強な洞窟陣地をダイナマイトで爆破。この後、戦車による火炎放射攻撃が行われる。

▼守備軍の兵士が潜む墓に火炎放射攻撃をかける米兵（5月16日）。

▲激闘の末に攻略した丘を後に、前線に向かう米軍シャーマン戦車（5月7日　西原町棚原）。

▼守備軍本陣を脇から攻撃している部隊を支援するため那覇へ向かう米陸軍の戦車部隊（5月12日）。

▲守備軍の堅固な防衛陣地を、あらゆる火器を使って攻撃する米軍（5月10日）。

▼守備軍の陣地にむけて37ミリ砲を撃ち続ける米軍。

▲沖縄戦で最も熾烈な戦いが行われたシュガーローフ・ヒル（52 高地）。

▼シュガーローフ・ヒルから北方を眺める。激戦の跡が続いている（5 月 23 日）。

戦場に置き去りにされたふたりの少女に携帯食糧を与える米軍兵士（浦添市城間〈ぐすくま〉）。

泥の中、身の回りの物を持ち、ヤギを連れて民間人収容所に向かう少年と女性。

戦場で傷つき、米兵の手当てを受ける女性と子ども。

戦場の少女たち。ひとりは生後間もない赤ん坊を背負っている（5月 10日）。

海岸で行われているカトリックのミサ。兵士たちのための日曜礼拝である。

新兵たちの教育訓練コースで、食事の配給に列を作る新兵たち。

海での戦い
日本軍の特攻作戦

沖縄戦は陸上での闘いだけでなく、海上での闘いでもあった。沖縄を包囲し、激しく艦砲弾を撃ち込む米艦船への日本海軍航空隊（陸軍も呼応）による空からの攻撃である。

これは「菊水作戦」と呼ばれ、4月6日から6月22日まで十次にわたって行われた。中でも、4月6日（菊水1号作戦）の攻撃は、米軍をして「太平洋戦争を通じて最大の神風デーだった」と言わしめるほどの、最大規模の攻撃として知られる。

この日、九州南部の知覧《ちらん》（陸軍）や鹿屋《かのや》（海軍）、台湾の基地などから飛び立った約735機（そのうち特攻機303機）が、1日中死に物狂いで沖縄近海の米艦船群に体当たり攻撃を加えた。これを迎撃する米戦闘機との間で彼我入り乱れて空中戦が行われた結果、約61機の特攻機が米艦船へ体当たり攻撃を敢行して大きな損害を与えたのだ。

日本軍のかつてないほどの特攻攻撃にさらされ恐怖に包まれた米兵たちは、特攻機を「緑色の大熊蜂」と名づけて身をふるわせたという。

一方、4月5日には、日本連合艦隊とっておきの巨大戦艦「大和」（6万9000トン）による海上特攻隊（大和のほかに巡洋艦「矢矧」、駆逐艦「雪風」「冬月」「涼月」「磯風」「浜風」「初霜」「朝霜」「霞」の9隻）が出撃し、沖縄に向かった。

空からの特攻攻撃と呼応し、沖縄近海の米艦船に特攻攻撃をかけるための片道切符、掩護《えんご》戦闘機なしの出撃であった。そして、2日後の4月7日、「大和」は、坊ノ岬沖で米機動部隊の艦載機の攻撃を受け、撃沈されてしまう（「矢矧」ほか駆逐艦4隻が撃沈、1隻が大破）。

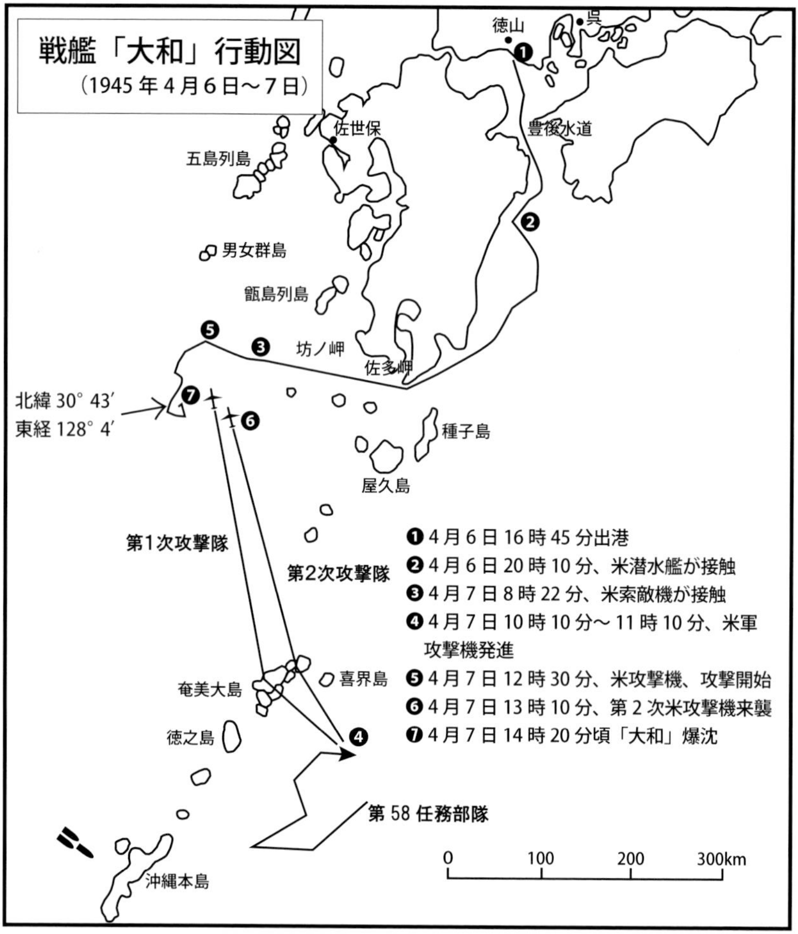

「大和」には、3332 人の乗組員がいたが、助かったのはわずか 269 人だった。沖縄まであと 340 キロも残す地点でのこと、文字どおりの連合艦隊の壊滅の瞬間であった。

ところで、沖縄戦に投入された飛行機は、延べ 7850 機であった。そのうち、2900 機（特攻機は 1900 機）を失い、搭乗員 4400 人が戦死した。搭乗員の多くは、20 歳前後の若い陸海軍の飛行予備学生たちだった。

ちなみに、沖縄近海での米軍側の損害は、沈没（駆逐艦など）34 隻、損傷 368 隻、戦死者 4900 人であった。この戦死者数は沖縄戦での米軍の戦死者の約 40％にあたる。

日本軍の特攻機に対する米軍の対空砲火。

米戦艦ミズーリに突入する特攻機。

神風特攻隊の攻撃で類焼した米軍艦載機。

日本軍の特攻攻撃を受け炎上する米空母バンカー・ヒル（5月11日）。

日本軍の特攻攻撃で破壊された空母の救助作業に当たる米艦船。

九州の南方海上で米軍機の集中攻撃を受け、沈没寸前の戦艦「大和」。

日本軍は、沖縄での劣勢を挽回すべく、奇襲攻撃によって米軍の飛行機を地上の基地で破壊する作戦を立てた。「義烈空挺隊」の出撃である。

5月24日、熊本飛行場を離陸し、沖縄の北・中飛行場に向かった97式爆撃機12機は、4機が故障のため帰還、7機が飛行場上空で撃ち落とされ、1機が北飛行場に胴体着陸に成功。成功した1機の中から、武装した隊員たちが手榴弾や爆弾を持って飛び出し攻撃、24機の米軍機を破壊し、ガソリン26・6キロを炎上させたが全員、射殺された。

首里司令部の崩壊

もはや組織的戦闘が限界に近づきつつある戦況を前に、守備軍司令部は、今後の方針として次の３つの案をつくった。

①喜屋武《きやん》半島に撤退して持久作戦を続ける。

②知念《ちねん》半島に撤退して持久作戦を続ける。

③首里周辺の複郭陣地にたてこもって最後まで戦う。

撤退か玉砕か、5月22日、各部隊の参謀たちも含めて検討を進めた結果、最終的に①案の喜屋武半島へ撤退することが決まった。

沖縄本島南部の喜屋武半島は、北側には八重瀬《やえせ》岳、与座《よざ》岳がそびえ、南側は断崖で守られている。すでに構築されていた地下洞窟陣地があるうえに琉球石灰岩層特有の自然洞穴（壕、ガマ）が多く、残存将兵の収容が可能で、時間稼ぎには最も適しているというのがその理由であった。

琉球王国時代の都・首里は、守備軍が首里城の地下に司令部を置いたために、沖縄のどの戦場にも増して破壊し尽くされた。艦砲射撃などによって撃ち込まれた砲弾は推定20万発といわれる。さらに飛行機からの数えきれない爆弾が降り注いだ。

かつて絢爛《けんらん》と王朝文化の華が咲いた古都は、写真で見るように、沖縄県立第一中学校の校舎のほんの一部と首里教会の残骸だけを残し、一面を覆う爆弾の大きな穴と、瓦礫《がれき》の山、人間の死臭の漂う死の街となってしまった。そして、5月31日、首里城跡に星条旗がひるがえる。

一方、那覇は、すでに前の年の「10・10空襲」によって市街地の

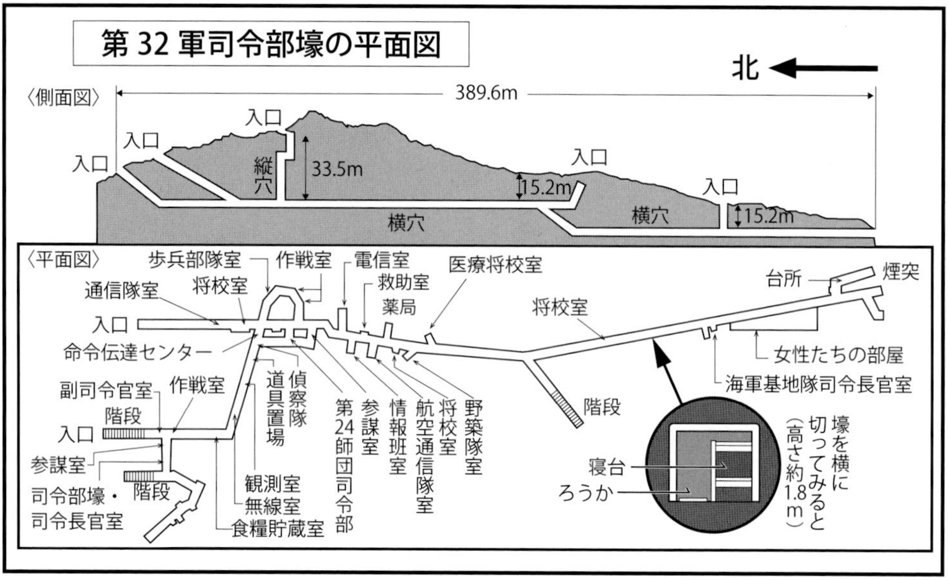

第32軍司令部壕の平面図

90％が壊滅、5月23日に米軍が侵入した時には、完全に廃墟と化していた。米軍は、破壊された街を進み、5月30日には那覇東部の27高地、引き続いて国場川下流北側の46高地を占領して、首里をうかがうが、首里の守備軍はすでに喜屋武半島へ撤退したあとであった。

◎海軍部隊の全滅

小禄《おろく》半島は、那覇の南西に隣接する、長さ5キロ、幅3キロの半島である。その西側部分には、当時、沖縄で最大の小禄飛行場（現、那覇飛行場のあるところ）があった。この半島には、海軍の沖縄方面根拠地隊（大田実海軍少将指揮）の将兵約1万人が守備に当たっていた。1万人といっても、正規の海軍軍人はその3分の1、その他は地元から動員した防衛隊だった。そのうえ守備軍に主力を引き抜かれ、米軍の進攻を迎えた時には約5500人の陣容になっていた。

米軍がこの半島に上陸したのは、6月4日。同隊は、その直前に守備軍司令部との間で作戦上の行き違いがあって、重火器や施設を自ら破壊しており、圧倒的な力で押し寄せる米軍に、放棄した飛行機から取り出してき

完全な廃墟と化した首里城周辺。後方に首里の町。手前の池は龍譚池。

た機関銃を使って応戦するというなすすべもない状態だった。

稜線や険しい台地によって必死に抵抗する部隊もつぎつぎに壊滅され、司令部のある丘は、三方からじりじりと包囲されたあげく、6月13日、大田司令官が6人の幕僚たちと壕内（現在の海軍壕跡として知られるところ）で自決、ついに部隊は壊滅、小禄半島は完全に米軍に制圧されてしまった。小禄半島での守備軍の戦死者は、4000人を数えた。

沖縄方面海軍根拠地隊の大田実司令官については、「沖縄県民かく戦えり、県民に対し後世特別のご高配を賜らんことを」という訣別電報がよく知られる。これは、米軍が司令部壕にじりじりと迫ってきた6月6日、東京の海軍次官宛に送った電報である。

その中で大田司令官は、「沖縄には敵が攻略を開始して以来、陸海軍は防衛戦闘に専念して県民に関してはほとんど顧みる暇はなかった。県民は戦火で家財道具をすっかり焼却されてしまったにもかかわらず、婦女子までが率先して守備軍に身を捧げ、砲弾運びのほか、挺身斬り込みさえ申し出た」と述べ、そして電文の最後に前述の「沖縄県民かく戦えり……」と、中央の配慮まで要請したものである。

▲残された首里教会の残骸。

▼無残な姿の県立第一中学校（現在の首里高校）の校舎。守備軍の兵舎にも使われていた。

▲砲撃で破壊された首里城。地下には、守備軍司令部壕があった（6月 18 日）。

▼首里城地下にあった守備軍司令部壕の内部。壁に沿って並べられた棚寝台（7月 6 日）。

首里から南風原〈はえばる〉へ下る道。破壊された守備軍の戦車と通過する米軍の兵士。

▲側面から首里城に向かう泥だらけの道。砲撃によって蜂の巣のようになった弾痕に雨水がたまる。

▼艦砲射撃や陸からの砲撃のすさまじさを物語る無数の弾痕。手前には、守備軍によって設置された軍の無線塔が倒れている（首里城付近）。

▲那覇は、前年の 10・10 空襲で市街地の 90%が壊滅、 5 月 23 日に米軍が侵入した時には完全に廃墟と化していた。写真は、廃墟の那覇市街（6 月 19 日）。

▼ひとり逃げ遅れて殺された老婆（那覇市街）。

沖縄県営鉄道那覇駅に放置されていた機関車。

小禄飛行場を攻略、壊れた格納庫の前を前線へ向かう米軍戦車隊。

沖縄本島北部と伊江島の戦い

本島上陸後、上陸地点から北部に向かった米軍は、途中、山地で抵抗する遊撃隊（ゲリラ部隊）を一蹴、10日間で40キロ以上を突破し、本部《もとぶ》半島の先端に達した。さらに北上した部隊は、4月13日には、本島の最北端・辺戸《へど》岬まで進撃した。

破竹の勢いで進んだ米軍は、この後、全勢力を本部半島中央にそびえる八重岳《やえだけ》の攻略に向けた。八重岳には、守備軍の国頭《くにがみ》支隊（遊撃隊）の本拠地があった。八重岳での戦闘は、小部隊のいわばゲリラ戦になったが、米軍は早くも4月16日にはその頂上を占領した。

ところで、北部の山岳地帯には、米軍の上陸を前に数万人の住民が避難していた。住民たちは、米軍の攻撃はもちろんのこと、飢餓やマラリアにも苦しめられた。それだけでなく、食糧不足に悩む守備軍の兵士たちの食糧強奪など、忌まわしい事件が絶えず、中にはスパイの嫌疑をかけられて殺害される事件もあちこちで発生した。

本部半島の北西に浮かぶ伊江《いえ》島は、面積22.7平方キロの小さな島。島の東南にそびえる城山《ぐすくやま》（標高172.2メートル。伊江島タッチューと呼ばれる）を中心に守備隊が堅固な地下陣地を構えていた。この島には、戦争直前に住民たちの献身的な協力でできた東洋一といわれた飛行場があったが、すでに米軍の上陸直前に日本軍の作戦変更によって破壊されていた。

伊江島での戦闘は、4月16日に始まった。1週間に及ぶ激しい戦闘の末、伊江島守備隊は全滅し、戦死者は4706人に上った。そのうち、約1500人は地元で動員された防衛隊員と住民だった。ここでは住民の「集団自決」

守備軍のひそむ壕に火炎放射攻撃をする米軍(金武〈きん〉町)。本島北部の山岳地帯には、数万人の住民が避難していた。人びとは、米軍の攻撃のほか、飢餓やマラリアに苦しめられた。食糧不足に悩む守備軍兵士が起こす食糧強奪事件や、住民をスパイ容疑で殺害する事件などが頻発した。

(強制集団死)も起こり、100 人余が命を絶った。

伊江島の戦闘を伝える米軍の記録には、「前線に攻撃してきた日本軍の中には、竹槍で武装した婦女子や、乳呑児を背負った婦人などもいた」とある。

伊江島を占領した米軍は、破壊された飛行場をあっという間に整備し、同飛行場から沖縄本島を攻撃する飛行機や日本本土を爆撃する飛行機が飛び立つようになった。

なお、戦闘終了後、伊江島の生き残った住民は、米軍によってほぼ全員が慶良間諸島へ移動させられた。米軍の基地建設のためであった。住民の帰島は、2年後の 1947 年3月だった。

保護されて金武の収容所に集められる、戦災で家を失った本島各地の住民（金武町
４月 26 日）。

▲金武の収容所に保護された住民（4月26日）。

▼共同井戸で思い思いに洗い物をしている住民たち（金武　4月26日）。

▲本部半島を進撃する米軍（4月）。

▼本部半島の山間の路を進む米軍車両部隊（4月 23 日）。

▲本部半島の守備軍陣地に残された日本軍の 150 ミリ砲。

▼守備軍の国頭支隊本陣があった本部半島・八重岳で捕捉された日本軍戦車。

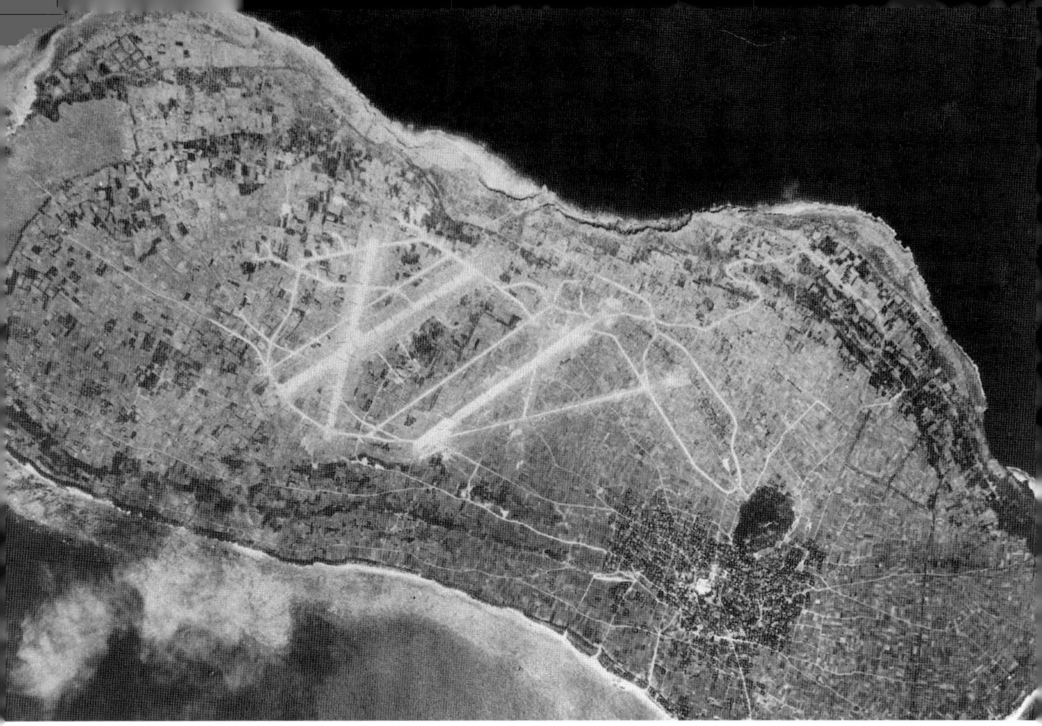

▲激戦地となった伊江島。中央が伊江島飛行場滑走路、右下の黒い塊は城山（米軍上陸前の 3月 20 日）。

▼守備軍兵士のひそむ壕を火炎放射攻撃する米兵。火炎放射器は、壕に潜んで抵抗する守備軍兵士を掃討するために最も有効な兵器の一つであった（伊江島　6月）。

▲あっという間に滑走路と誘導路が整備された伊江島飛行場。駐機しているのは米P 47 戦闘機。

▼伊江島飛行場から本土空襲に向かうB 24 爆撃機に 2000 ポンド爆弾を積みこむ米戦闘部隊の乗組員たち。

▲米軍は6月3日、伊平屋〈いへや〉島に上陸した。伊平屋島には守備軍はいなかったため、簡単に占拠された。およそ2000人の住民は、ほとんど全員が捕虜となり、同島北端の田名へ移された。写真は伊平屋島へ向かう米軍。

▼1か所に集められた伊平屋島の住民。

戦闘の一方で
米軍は基地の建設を急いだ

米軍は守備軍と戦う一方、沖縄本島各地で占領した日本軍の飛行場を拡張整備し、さらに新たな軍事基地の建設に取りかかった。最終決戦場である日本本土を攻撃する戦闘機・爆撃機を飛びたたせるためであった。

連合国軍は、すでに５月の時点で、沖縄戦が片付いたら、1945 年 10 月１日には南九州の宮崎海岸、鹿児島の志布志《しぶし》湾などに上陸する作戦（オリンピック作戦）、ついで 12 月 31 日には（後に翌年３月１日に変更）、南関東の相模湾と九十九里浜に上陸する作戦（コロネット作戦）を行う手はずを整えていたのである。この２つの作戦では、約 200 万人の兵員を上陸させる予定だった。

そのために米軍は、建設機材や膨大な量の物資を沖縄本島に持ち込み、山を削り、土地をならして道路や滑走路を造っていった。建設予定地の住民を民間人収容所に収容したうえでのことであった。もちろん、土地の持ち主である住民には何の相談もしなかった。その有様は、まさに「白地図の上に線を引く」ような思いのままの基地建設だった。

ちなみに、これらの軍事施設の建設、拡大整備は、沖縄戦が終了し、1945 年８月に日本が降伏して、いったんはストップされる。しかし、冷戦が始まり 1949 年５月に米国の「北緯 29 度以南の沖縄の長期的保持」の方針が決まると、再度、本格的な基地建設が開始され、あげく、沖縄は「太平洋の要石《かなめいし》」と呼ばれる一大基地の島となっていく。

以後、沖縄の米軍基地は、朝鮮戦争、ベトナム戦争、湾岸戦争、イラク戦争と、米国の戦争のたびに、出撃基地、兵站基地とされてきた。

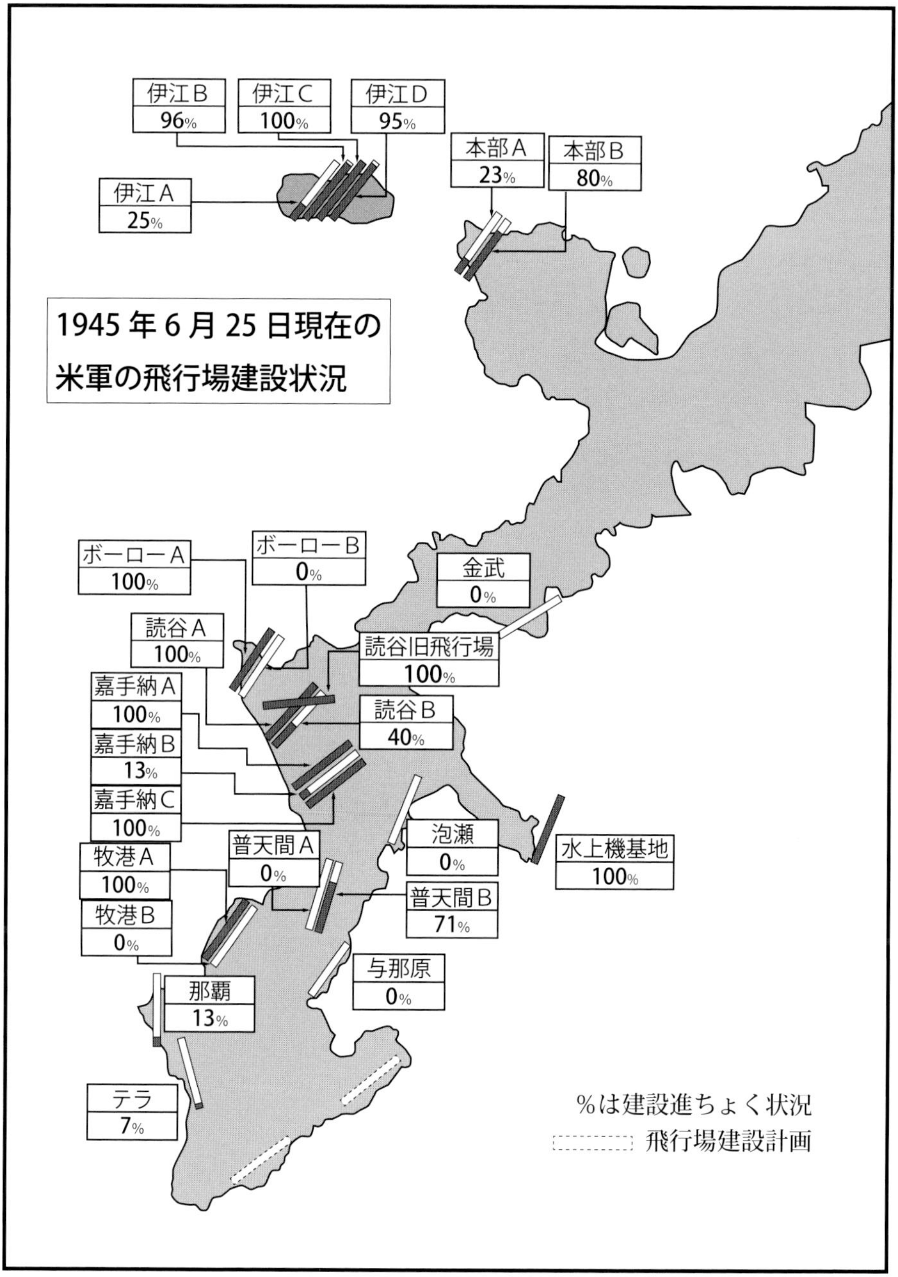
1945 年 6 月 25 日現在の
米軍の飛行場建設状況
伊江B 96%
伊江C 100%
伊江D 95%
伊江A 25%
本部A 23%
本部B 80%
ボーローA 100%
ボーローB 0%
金武 0%
読谷A 100%
読谷旧飛行場 100%
嘉手納A 100%
読谷B 40%
嘉手納B 13%
嘉手納C 100%
泡瀬 0%
水上機基地 100%
牧港A 100%
普天間A 0%
普天間B 71%
牧港B 0%
与那原 0%
那覇 13%
テラ 7%
%は建設進ちょく状況
飛行場建設計画

嘉手納飛行場で排水路工事を行う米工兵隊（４月）。

建設が進む嘉手納飛行場。下のサークルは、嘉手納ロータリー。

272423
THE AIR TRANSPORT COM

1945年8月の嘉手納飛行場。

貯蔵庫や倉庫を建てるために整地が行われている那覇飛行場（7月20日）。

滑走路の拡張整備が行われている読谷飛行場（8月）。

建設中のボーロー飛行場（7月　読谷）。

建設中の伊江島飛行場の滑走路。１本の滑走路は、５月１日から建設が始まった。

本島南部・最後の戦場

守備軍の司令部と主力部隊は、5月27日から28日にかけて首里を脱出した。3万人余の将兵が夜の闇を利用して南部へ後退を続け、それに住民の群れが続いた。5月下旬、沖縄は梅雨に入り、毎日のように土砂降りの雨が続いていた。南部への道路は、泥の川となった。その泥の川を、疲れ切った将兵たちと住民の群れが続いた。

米軍は、はじめはその撤退に気付かなかった。しかし、27日、トンボと呼ばれた米軍の観測機が、多数のトラックや戦車が南下するのを確認すると、すぐさま味方の砲兵隊や海上の船舶群に連絡して砲撃を誘導、容赦なく砲弾がその流れを襲った。その目標地点の一つ、南風原《はえばる》の「死の十字路」と呼ばれた山川橋付近には、砲弾の犠牲になった将兵や住民の死体が石垣のように重なったという。

首里撤退に当たって守備軍は、もう地元住民に対する配慮など持つ余裕もなかった。そのため、万を超す住民が撤退する守備軍をたよって、この喜屋武《きゃん》半島に移動し、ついに東西10キロ足らずの台地に3万人余の兵隊と、10万人を超す住民が混在する有様となってしまった。

米軍は、敗走する守備軍を追って、6月7日ころには、喜屋武半島包囲を完了、そして、最後の本格的な攻撃を開始した。

軍民は、地下にあるガマや民家、森やアダン林の中、小さな岩陰など身を潜めることのできるあらゆる場所に身を潜めたものの、米軍の砲爆撃は軍民の区別なく、四方八方から降り注いだ。

守備軍将兵の死者も、連日のように1000人を超えるようになり、喜屋

500 ポンド爆弾２発を投下する米軍機（６月）。

武半島・摩文仁《まぶに》丘一帯は、どこもかしこも戦傷者があふれ、葬るすべもない死体が倒れたままになっていた。そうした中を、人びとは運を天にまかせて、ただひたすら逃げまどうばかりだった。

とくに住民にとっては、陸・空・海からの米軍の攻撃に加えて、守備軍兵士による壕からの追い出し、食料の強奪、またスパイ容疑での殺害などの事件が頻発するなど、６月の南部の戦場は、まさしく地獄としかいいようのないものだった。

沖縄戦では、13 万人に近い膨大な数の住民が犠牲になったが、その８割以上が６月以降のこの南部の戦場における犠牲であった。

▲弾薬を乗せたトレーラーをトラクターで泥の中から引っ張り出す米兵。

▼東風平村〈こちんだそん　現：八重瀬町東風平〉富盛の石獅子の蔭から守備軍の様子をうかがう米兵。石獅子の弾痕が生々しい（6月18日）。

▲サトウキビ畑に発煙手榴弾を投げ込み、守備軍兵士を容赦なく駆り出す米兵（6月16日）。

▼75ミリ榴弾砲の発射準備をする米兵。

▲八重瀬岳の急斜面で守備軍の壕を攻撃する米砲兵隊。

▼守備軍の洞窟陣地に手提げ爆弾を投げ込む米兵（6 月 12 日）。

▲守備軍の洞窟陣地に向けて火炎放射攻撃をする米軍。

▼道路沿いのたこつぼ壕に潜む守備軍兵士に火炎放射をあびせる米軍戦車（6月16日）。

人びとが逃げまどう南部戦場の上空に米軍の照明弾が打ち上げられ、地上は真昼のような明るさとなった。

▲情け容赦のない激戦地の掃討戦。

▼米軍の火炎放射か、「集団自決」か――洞窟の中で死んだ人たち。

▲草で覆い隠された溝の中に隠れていた家族（6 月 20 日）。

▼守備軍の偽装戦車と住民の死体（6 月 16 日）。

海岸の洞窟に潜む守備軍兵士を火炎放射で掃討する米軍（6月25日）。

米兵にキャンディーをもらう傷ついた少年（6月　糸満）。

戦場を収容所に向かう少年（6月19日）。

▲ケガをし、米兵に担架で運ばれる地元住民（6月13日）。

▼米兵の監視下、マラリアや栄養失調が原因で死んだ人たちを埋葬する住民たち（6月16日）。

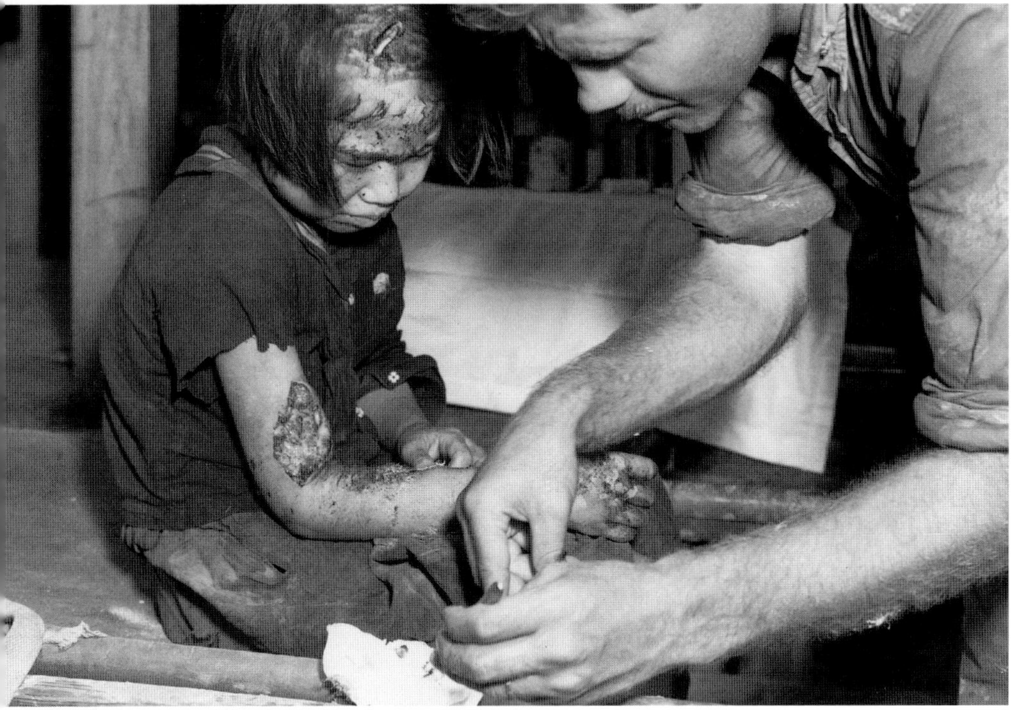

▲救出され傷の手当てを受ける少女（6月21日）。

▼壕から救出され、小さなやかんから水を飲む少女（6月）。

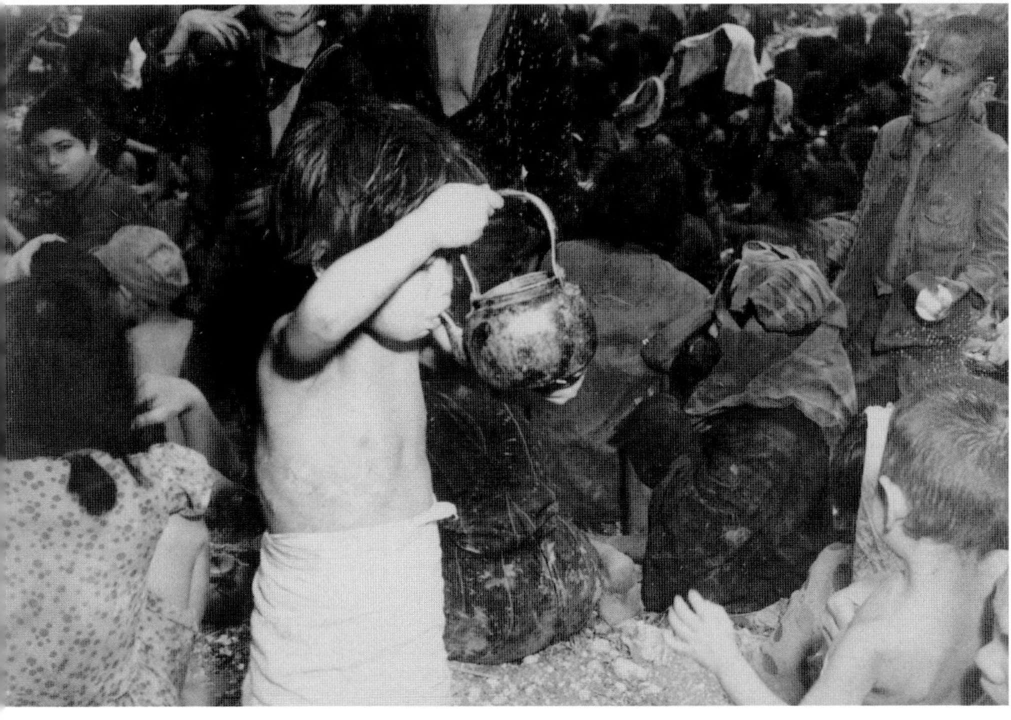

大きな自然壕から救出される住民たち〈6月24日　糸満市伊敷の轟〈とどろき〉壕〉。

具志頭〈ぐしちゃん　現：八重瀬町具志頭〉の治療所で治療を待つ人びと（6月21日）。

収容所に向かう人びと。

保護された人びと。

戦闘終結後まもない民間人収容所の光景(この写真は7月、本島中部、石川の収容所)。

戦死した米軍将兵の墓地。十字架が整然と並ぶ（米第７師団墓地）。

戦場に出た学徒隊

沖縄戦では、守備軍は、兵力不足を補うために、地元から約２万5000人の住民を「防衛隊」「義勇隊」として動員し、戦場に投入した。それでも足りずに、県下の男女中等学校の生徒たちまで駆り出した。

いずれも、まったく法的な裏付けのない動員だった（男子15歳以上60歳まで、女子17歳以上40歳までを、徴兵とは別に戦闘員として召集できる「国民義勇兵役法」が公布されたのは、45年６月22日だった）。

男女中等学校の生徒たち（14歳から17歳、現在の中学生から高校生）は、男子生徒は学校ごとに「鉄血勤皇隊《てっけつきんのうたい》」を組織し、女子生徒たちは即席の訓練を受けただけで看護婦要員として各地の野戦病院に送り込まれた。

男子生徒たちは、下級生（ほぼ現在の中学生）は通信隊員として、上級生（現在の高校生）は陣地構築、食糧や弾薬の運搬、伝令、南部に撤退してからは特攻斬り込み兵として戦闘にも参加した。

女子生徒たちは、各軍病院に配置され、傷病兵の看護や死体の処理、砲弾が降り注ぐ中での飯上げ（炊事）、水汲みなど、不眠不休で働いた。しかも、戦場を軍と共に行動していたため、銃弾に倒れるものも少なくなかった。６月半ばごろに解散を命じられ、逃げ場を失った多くが砲火に倒れたり、「集団自決」をするなどして多くの犠牲者を出した。

なお、学徒隊への参加は、法的根拠がなかったために、生徒の「志願」という形がとられたが、実際は強制参加と変わることはなかった。

沖縄本島での学徒隊の動員数と犠牲者数は、次のとおりである。

◆男子学徒隊（沖縄本島）

学校名	戦後の通称	動員数	犠牲者数	
▪沖縄師範学校男子部	師範学校鉄血勤皇隊	386	226	
▪沖縄県立第一中学校	一中鉄血勤皇隊 一中通信隊	254	171	
▪沖縄県立第二中学校	二中鉄血勤皇隊 二中通信隊	270	115	
▪沖縄県立第三中学校	三中鉄血勤皇隊 三中通信隊	363	42	
▪沖縄県立農林学校	農林鉄血勤皇隊	130	23	
▪沖縄県立水産学校	水産通信隊 水産鉄血勤皇隊	48	31	
▪沖縄県立工業学校	工業通信隊 工業鉄血勤皇隊	134	150	（生徒全体の犠牲数）
▪那覇市立商工学校	商工通信隊 商工鉄血勤皇隊	117(?)	114	（　〃　）
▪私立開南中学校	開南通信隊 開南鉄血勤皇隊	81(?)	70	（　〃　）

◆女子学徒隊（沖縄本島）

学校名	戦後の通称	動員数	犠牲者数
▪沖縄師範学校女子部	ひめゆり学徒隊	157	81
▪県立第一高等女学校	ひめゆり学徒隊	65	42
▪県立第二高等女学校	白梅学徒隊	56	22
▪県立第三高等女学校	なごらん学徒隊	10	1
▪県立首里高等女学校	ずいせん学徒隊	61	33
▪私立昭和高等女学校	でいご学徒隊	31	9
▪私立積徳高等女学校	積徳学徒隊	25	3

（学徒隊の動員数、犠牲者数は資料によって異なる。ここでは、ひめゆり平和祈念資料館開館 10 周年記念イベント「沖縄戦の全学徒たち」展・報告書をもとに作成した。この表は、動員された学徒を対象としたもので、引率教諭や、ことわりのないかぎり、学徒隊以外の在校生は入っていない。）

捕虜になって米軍政要員の尋問を受ける鉄血勤皇隊員（6月 17 日）。

P W
P W

捕虜となった防衛隊。左から75歳、16歳、15歳。これが沖縄戦における防衛召集の実態でもある（6月20日）。

捕らえられた守備軍兵士と共にサンゴ礁の海岸を前線後方に向かう女子学徒隊員（6月25日）。

捕虜になった鉄血勤皇隊員。

捕虜となり、米軍の厳重なボディーチェックを受ける鉄血勤皇隊員。

壕の反対側に穴を掘り進めて脱出を試みるも、捕らえられてしまった鉄血勤皇隊員（6月9日）。

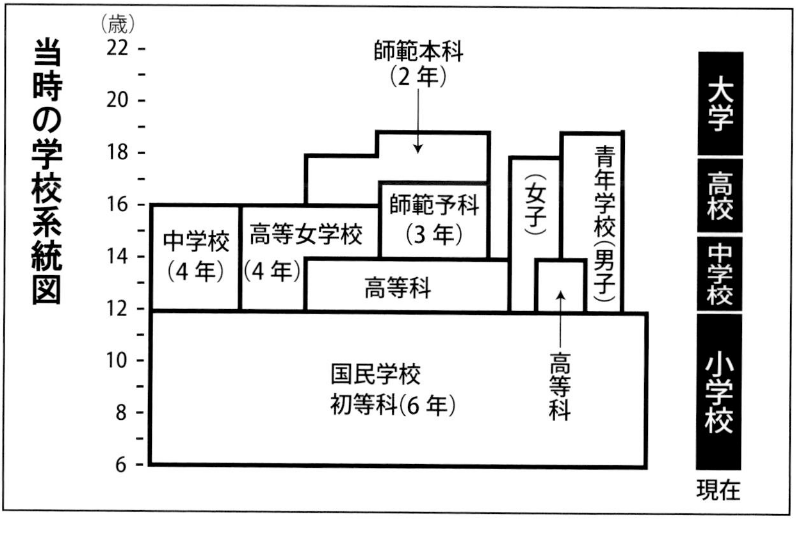

宮古・八重山の沖縄戦

沖縄戦では、宮古《みやこ》・八重山《やえやま》の先島《さきしま》諸島には米軍の上陸はなかったものの、10・10空襲（10ページ参照）を皮切りに、1945年の年明け早々から敵機による激しい砲爆撃にさらされた。宮古・八重山諸島を攻撃したのは、イギリスの太平洋艦隊（B・H・ローリングス中将指揮）だった。同艦隊は、空母4隻、戦艦2隻、巡洋艦5隻、駆逐艦15隻の合計26隻で編成され、宮古・八重山の島々に激しい砲爆撃を行った。

宮古諸島　宮古諸島には日本軍は、第28師団、独立混成第59旅団、独立混成第60旅団、第32軍直轄部隊、海軍部隊の計約2万8700人が守備にあたっていた。

宮古諸島への空襲は、はじめは軍事施設が目標だったが4月に入ると市街地も狙われるようになり、5月には艦砲射撃も加わり、平良《ひらら》市（現宮古島市平良）の市街地は廃墟と化した。相次ぐ砲爆撃に加え、食糧難から来る栄養失調や風土病マラリアの流行による病死者が続出、3000人以上の住民が犠牲になった。また、陸海軍合わせて約2600人の将兵が戦死したが、そのほとんどはマラリアや栄養失調によるものであった。

八重山諸島　八重山諸島には日本軍は、独立混成第45旅団、石垣島海軍警備隊の計約6600人と、地元で編成された特設警備隊約2000人が防備にあたっていた。1945年正月早々から八重山諸島は空襲を受けるようになり、3月以降になると、空襲は1日に10数回に及ぶほど激しくなった上、5月以降は艦砲射撃も加わった。

そのため守備軍は、6月に入って石垣島や周辺の島々の住民を、それぞ

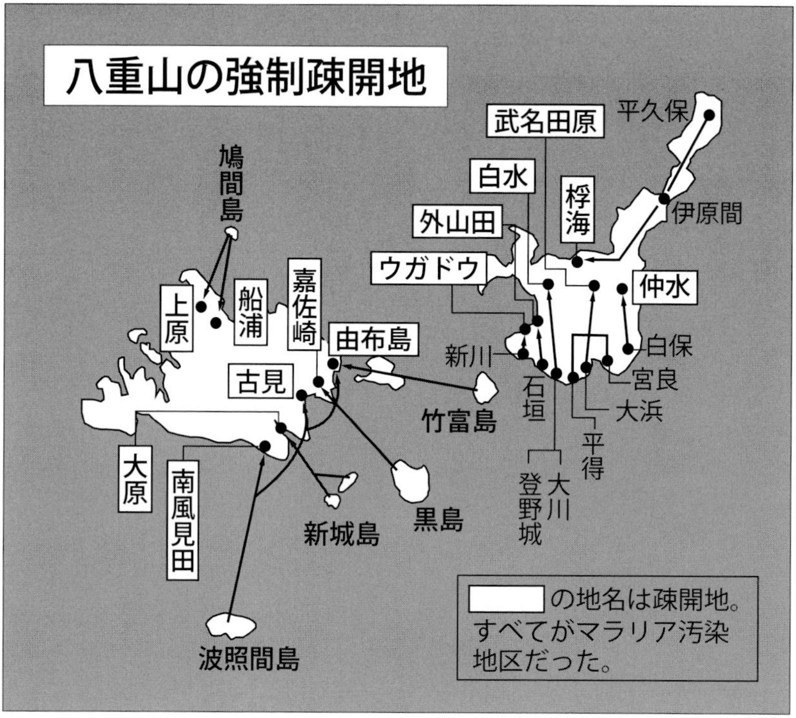

れの居住地に隣接する山岳地帯や西表《いりおもて》島等に強制的に避難・疎開させた。しかし、そのころ、八重山ではマラリアが爆発的に蔓延《まんえん》していたため、疎開地では敵の砲爆撃とは無縁に死亡するものが続出することとなった。

薬もなく、食糧難から栄養失調に陥っていたこともそれに拍車をかけ、住民のマラリア罹病《りびょう》率は、全人口の 54％にも達した。当時の八重山諸島の人口は 3 万 4936 人、そのうち空襲その他による戦没者は 187 人、それに対してマラリアによる死者数は 3647 人（1 割強）に上ったといわれている（とりわけ波照間《はてるま》島住民の被害は大きく、犠牲者は住民の 3 分の 1 を数えた）。八重山駐留の守備軍の場合も同様で、戦死約 670 人、そのうち大部分がマラリアが原因の戦病死であった。

ところで、宮古・八重山諸島の学童を含む一般住民が乗った船舶が、台湾への疎開の途中に敵機や敵潜水艦の攻撃を受けて沈没するなど、多くの遭難者を出したことも記憶にとどめておきたい出来事である。

攻撃に向かう英国太平洋艦隊のアベンジャー機。

▲英艦載機の空襲を受ける平良港と放送局（宮古島）。

▼激しく爆撃を受ける宮古島の飛行場。

英軍アベンジャー機の爆撃を受け、滑走路で爆弾が炸裂する石垣島の飛行場。

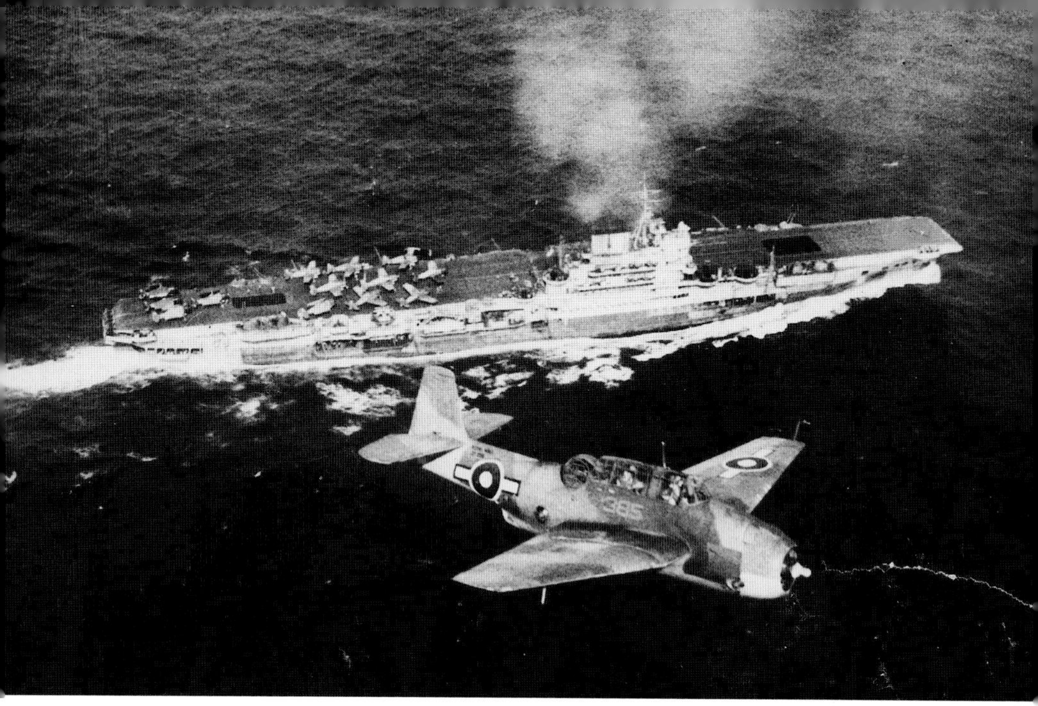

▲宮古、八重山を攻撃後、空母インドミタブルに帰艦する英国太平洋艦隊のアベンジャー機。

▼「神風」の体当たり攻撃を甲板に受けた英空母フォーミダブル（５月４日）。

捕虜と収容所

日本軍には、「生きて虜囚《りょしゅう》の辱《はずかし》めを受けず」という「戦陣訓《せんじんくん》」の教えが浸透していた。つまり、「ぜったいに捕虜になるな」ということであり、投降しようとする者は銃殺されるのが普通であった。

しかし、沖縄戦では、守備軍将兵は、敗退に次ぐ敗退を重ねたあげく、「戦陣訓」とは裏腹に米軍の捕虜になるものが多くいた。

米軍の記録によると、5月末までの317人から、6月20日の1日だけで977人、21日には1015人と、6月末には総計7401人に上っている。米軍は、ビラや拡声器を使って投降を呼びかける心理作戦の結果と見るが、ちょうどこの時期は、守備軍の組織が解体する時期に重なっている。この事実は、何を意味しているのだろうか……。

写真で見るように、傷つき、飢餓でやせ細り、汚れきった捕虜たちの姿から、沖縄戦がはじめから「まるで勝ち目のない無謀な闘い」であったことがよくわかる。中でもまだ幼さの残る少年兵たちの姿は、あまりにも哀れで慰める言葉もないほどである。

ところで、捕虜たちは、金武《きん》町屋嘉《やか》にある「屋嘉捕虜収容所」、あるいは那覇市奥武山《おうのやま》などに収容された（一般住民は民間人収容所に収容された）。屋嘉捕虜収容所には、最大時約1万人が収容されており、そこでは、日本・沖縄・朝鮮の兵たちが別々の宿舎に区分けされていた。なお、沖縄出身の捕虜約3000人は、6月から7月にかけてハワイに送られた（46年10月ころから順次帰還）。また、朝鮮人捕虜は45年秋に朝鮮に、日本本土の捕虜は、46年10月から翌年初めまでに本土へ送還された。

岩山の蔭から投降する守備軍兵士と鉄血勤皇隊の学生たち。

白旗を掲げて壕から出てきた守備軍の兵士たち。

▲海岸の洞窟に潜む仲間たちに海上の米舟艇からメガホンを使って投降を呼びかける守備軍の捕虜。

▼米揚陸艦に収容された守備軍の捕虜たち。この捕虜たちは、投降の呼びかけに応じ、泳いで揚陸艦に投降した。揚陸艦上で検査され、捕虜収容所に送られる。

▲捕虜になった守備軍兵士たち。

▼降伏した守備軍兵士たち。

▲守備軍の本拠地の様子を、米兵から尋問されている守備軍の捕虜。

▼米兵の監視の下、死んだ仲間を埋葬する守備軍捕虜。

捕虜収容所で屈辱感と疲労感に打ちひしがれる防衛隊の少年。

一億一心

にわか作りの捕虜収容所に閉じ込められた守備軍兵士と住民たち（現：豊見城市田頭〈たがみ〉）。

屋嘉〈やか〉捕虜収容所全景。

ハワイへ向かう船に乗るため、トラックで移送される捕虜たち（6月27日）。

沖縄戦終結

6月14日、米軍は南部地域の重要拠点の一つである八重瀬岳《やえせだけ》を占拠し、翌15日にはもう一つの要衝である与座岳《よざだけ》も米軍の手に陥ちた。摩文仁岳の守備軍司令部は、最後の防壁も失ってしまったわけである。

ところでバックナー中将は、それより先、6月10日の時点で、守備軍司令官・牛島中将に「降伏勧告状」を送っていた。その中でバックナー中将は守備軍が集団で降伏することを丁重に勧告した。いわく「閣下の率いる軍隊は勇敢に闘い、善戦しました。歩兵の戦略は、閣下の敵である米軍からも等しく尊敬されるところであります……」と。

降伏勧告状は、6月17日になって牛島司令官の手元に届くが、勧告を受け入れての「降伏」という選択肢は日本軍にはなかった。

一方、米軍の勝利が目前に迫った6月18日、そのバックナー中将が、摩文仁岳に近い真壁《まかべ》付近で最後の進撃状況を視察中に戦死した。そして同じ18日、守備軍の鈴木繁二少将（独立混成第44旅団長）が斬り込み攻撃で討死、3日後には雨宮巽中将（第24師団長）、藤岡武雄中将（第62師団長）もそれぞれ自決した。そのあげく、牛島守備軍司令官も、部下将兵に「各部隊は、各地における生存者中の上級者これを指揮し、最後まで敢闘し、悠久の大義に生くべし」との軍命令を下し、6月22日（23日説もある）未明、摩文仁の司令部壕で、長参謀長とともに自決を遂げた。

これによって沖縄守備軍の組織的抵抗は終わることになった。しかし、それ以後、米軍は全面的な掃討作戦を開始し、6月末までに約9000人の守備軍兵士を倒し、2900人を捕虜にしたうえで、7月2日、沖縄作戦の

月別沖縄県民戦没者数（「沖縄県平和祈念資料館資料」より）

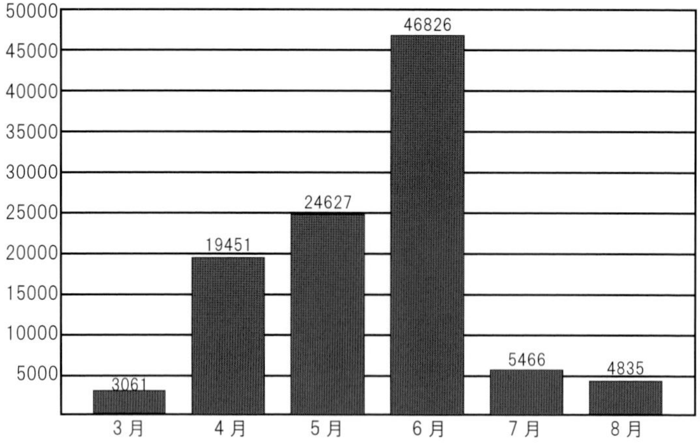

終了を宣言した。

また、日本がポツダム宣言を受諾し無条件降伏をした後の９月７日、沖縄戦での降伏調印式が嘉手納の米第10軍司令部で行われた。調印式では、宮古島から納見敏郎中将（第28師団長）と奄美大島から高田利貞中将が陸軍を代表し、また同じく加藤唯男少将が海軍を代表してスチルウェル大将との間で、六通の降伏文書に調印。沖縄戦は正式に終止符がうたれた。

ところで、沖縄戦での人的損害は、米軍人の戦死者が１万2520人、日本軍の戦没者は、県外出身日本兵６万5908人、地元出身兵約２万8000人（防衛隊、学徒隊を含む）、住民は約13万人余り。結局、沖縄県民は当時の人口の約３分の１に匹敵する人的損害を被ったことになる。

一方、太平洋戦争での人的被害を見てみると、軍人・軍属の戦死および行方不明が陸軍約183万人、海軍約57万人の合計240万人である。そのほか、戦傷病による障害者が10万人余。空襲その他により一般市民の戦没者は、約70万人余（広島・長崎の原爆による死者約32万人を含む）で、総計310万人となる（日中戦争の死者、18万9000人を含む）。

ちなみに、沖縄は日本本土のわずか１％の面積の小さな島である。この２つの損害を比べてみると、いかに沖縄の損害が大きいものであったか、何人にも理解できよう。また、この数字は、小さな島が戦場になった時、住民にとっていかなる結果が待ち受けているかを示唆して余りある。

▲前線を視察する米第 10 軍司令官・バックナー陸軍中将（中央）。

▼6 月 18 日、バックナー中将は、勝利を目前にして南部戦線で戦死した。写真は、バックナー中将の埋葬式（6 月 19 日）。

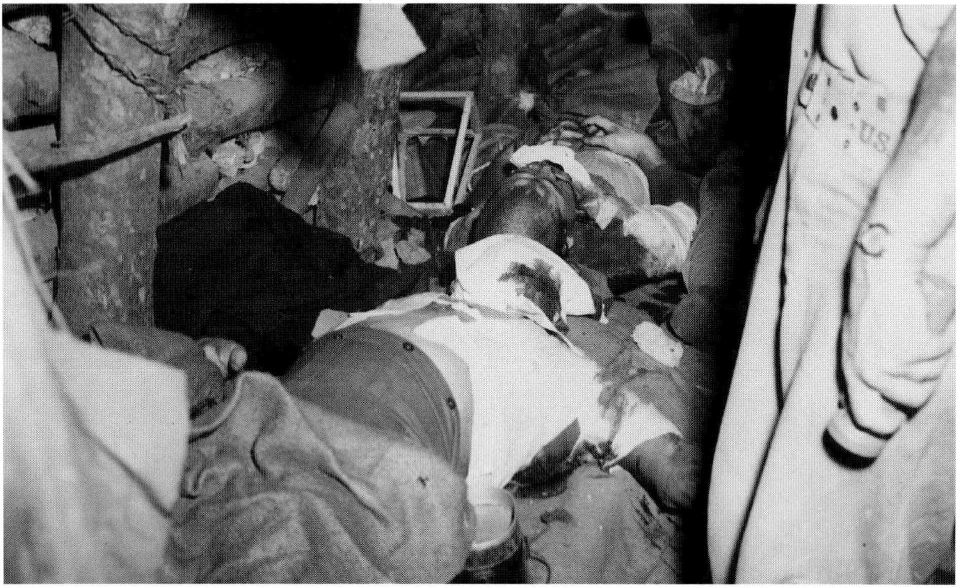

▲守備軍司令部壕内で自決した牛島満守備軍司令官と長勇参謀長。

▼守備軍司令部壕があった丘（89 高地）での米国旗掲揚式（6 月 28 日）。

降伏調印式が行われている嘉手納の米第 10 軍司令部。日本政府のポツダム宣言受諾（8 月 14 日）に遅れること 23 日のこの日、沖縄戦は公式に終わりを告げた（9月7日）。

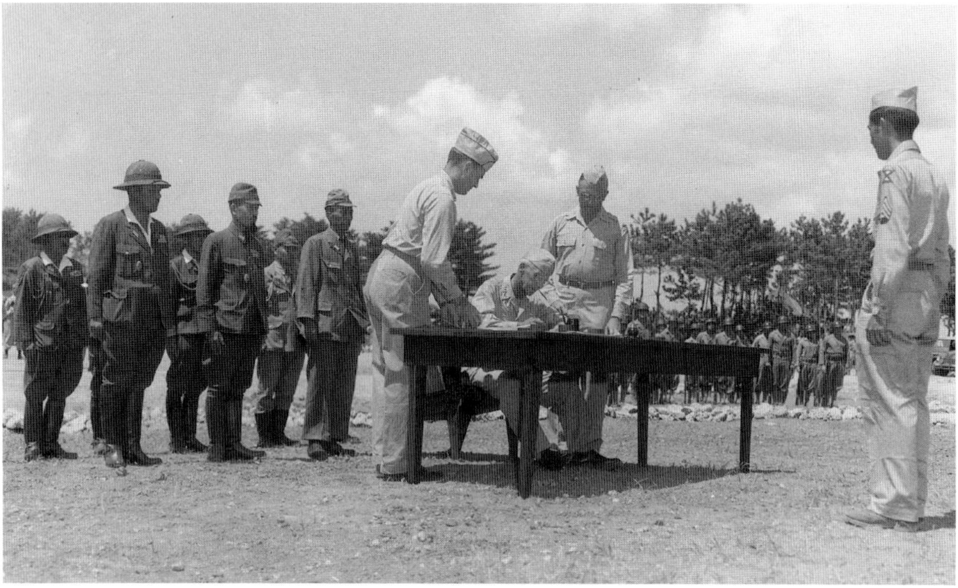

▲降伏文書に署名する米第 10 軍司令官・スチルウェル陸軍大将（9月7日）。

▼降伏文書に署名する先島群島司令官・納見敏郎中将（9月7日）。

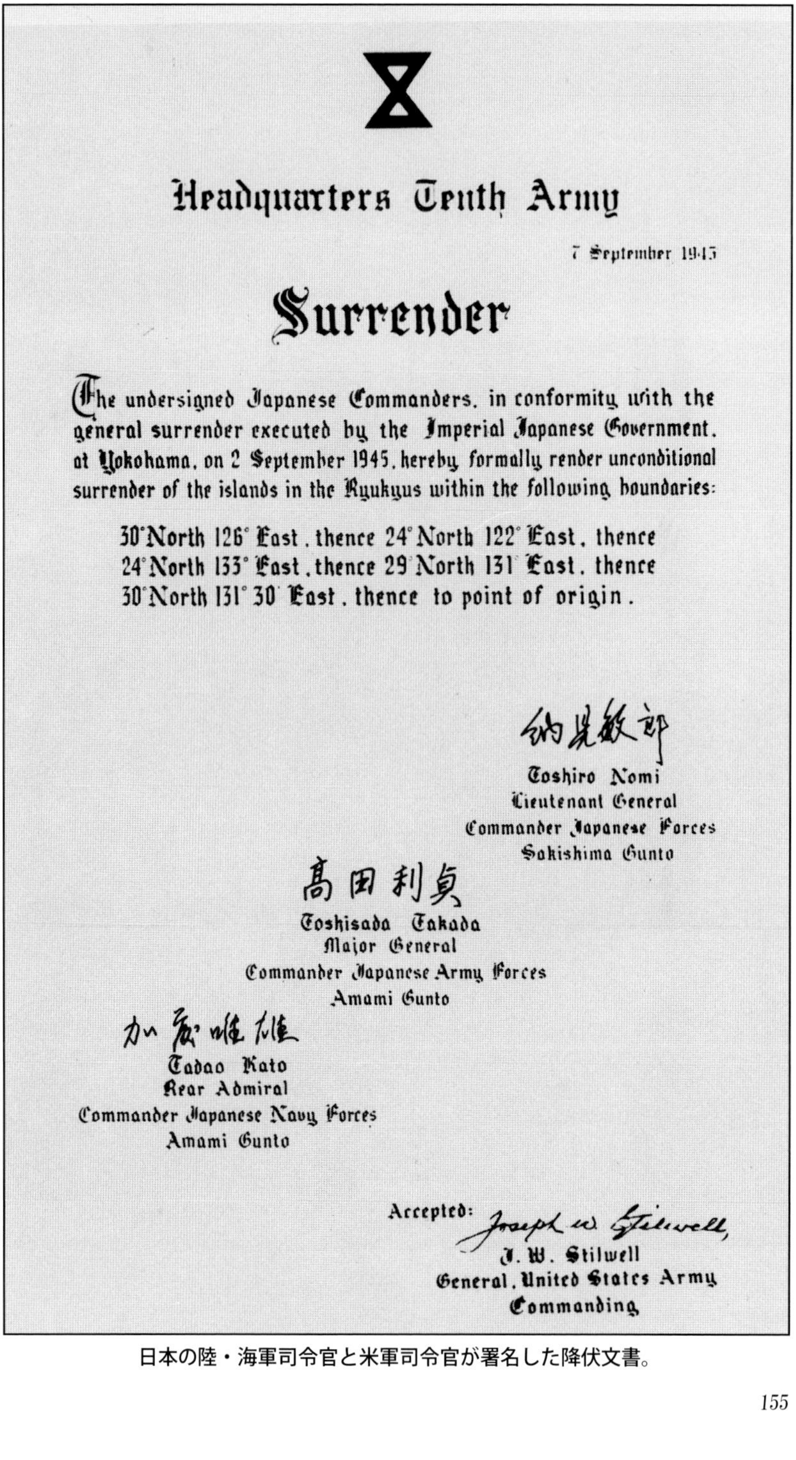

Headquarters Tenth Army

7 September 1945

Surrender

The undersigned Japanese Commanders, in conformity with the general surrender executed by the Imperial Japanese Government, at Yokohama, on 2 September 1945, hereby formally render unconditional surrender of the islands in the Ryukyus within the following boundaries:

30° North 126° East, thence 24° North 122° East, thence
24° North 133° East, thence 29° North 131° East, thence
30° North 131° 30' East, thence to point of origin.

納見敏郎
Toshiro Nomi
Lieutenant General
Commander Japanese Forces
Sakishima Gunto

高田利貞
Toshisada Takada
Major General
Commander Japanese Army Forces
Amami Gunto

加藤唯雄
Tadao Kato
Rear Admiral
Commander Japanese Navy Forces
Amami Gunto

Accepted: Joseph W. Stilwell
J. W. Stilwell
General, United States Army
Commanding

日本の陸・海軍司令官と米軍司令官が署名した降伏文書。

戦争が終わった……。8月15日、日本が降伏したことを通訳から知らされ、歓声を上げる住民たち。

▲海に廃棄するためボートに積み込まれた守備軍の機関銃（石垣島　10月7日）。

▼海に廃棄するため港に積み上げられた守備軍の鉄かぶと（宮古島　9月28日）。

久米島事件

久米島は、県都那覇市の西方約100キロ、面積約60平方キロの小さな島である。沖縄戦当時、約1万人が住んでいた。この久米島には、海軍の通信隊30余名が配備されていた。

米軍は、守備軍首脳が自決した後の6月26日にこの島に上陸、同じ日に全島をほとんど制圧した。

久米島では、「久米島事件」と言われている、沖縄戦の中でもおぞましく、悲惨を極めた「友軍による住民殺害」事件が起きた。まず、6月27日、米軍の捕虜となった郵便局長が米軍に強要されて日本軍に降伏勧告状を届けたところ、スパイ行為を理由に日本軍の隊長に銃殺された。ついで29日には、それ以前に米軍に拉致されていた2人の住民が釈放されたが、日本軍に出頭しなかったという理由で、2人とその家族5人、2人の住む部落の区長、警防団長合わせて9人が刺殺されたうえ、家屋もろとも焼き払われた。

さらに日本が降伏した後の8月18日に2歳の幼児を含む一家3人、2日後の20日には行商を営む住民一家が、5人の子どもを含めて皆殺しにされてしまった。いずれも「スパイ嫌疑」によるものであった。

このように久米島での日本軍による住民殺害は4件、7世帯、計20人に達した。しかもそのうち10人は、日本が降伏した8月15日以降に起こったものであった。

沖縄戦では、スパイ容疑を口実として守備軍による住民の処刑が各地で行われたが、その典型的な事例が、この「久米島事件」であった。

▲米軍のトラックで収容地へ向かう久米島の住民たち。

▼島の安全が確認され、収容地から村へ帰される住民たち。

▲久米島の日本軍の降伏（９月７日)。右側が久米島の日本軍隊長・鹿山兵曹長。

▼久米島の管理に当たった米軍軍政要員たち。

米軍の宣伝ビラ

沖縄戦では、米軍は、日本軍の降伏を早めようと用意周到に「宣伝ビラ」などによる心理作戦計画を立ててのぞんだ。

戦闘期間中、米軍の心理作戦担当部隊は、守備軍の兵士や戦場の住民に向けて、20 種類あまりの宣伝ビラや宣伝新聞を作成し、飛行機や大砲を使ってばら撒いた。中でも、戦闘末期の本島南部の前線地帯に撒いた、住民や兵士に降伏をすすめる「生命を助けるビラ」は、数百万枚に及んだという。

戦争では、勝つためには武器による戦いだけでなく巧妙な心理戦争も行われる。宣伝ビラは、その中で大きな役割を占める。沖縄戦においては、宣伝ビラによる心理戦争の面でも、圧倒的に米軍がまさっていたというほかない。

これに対し、沖縄守備軍は、米軍の撒く宣伝ビラを拾って所持するものは「銃殺に処す」と厳命を下していた（旧日本軍は敵への降伏はいっさい認めず、多くの場合、投降しようとする者は容赦なく射殺した）。しかし、沖縄戦では、とりわけ戦況が絶望的となった戦闘末期には、宣伝ビラを見て投降する兵士や住民が続出している。

たった 1 枚の宣伝ビラではあるが、それによって命が助かった人もいれば、逆にその 1 枚ゆえに命を落とした人もいたのである。

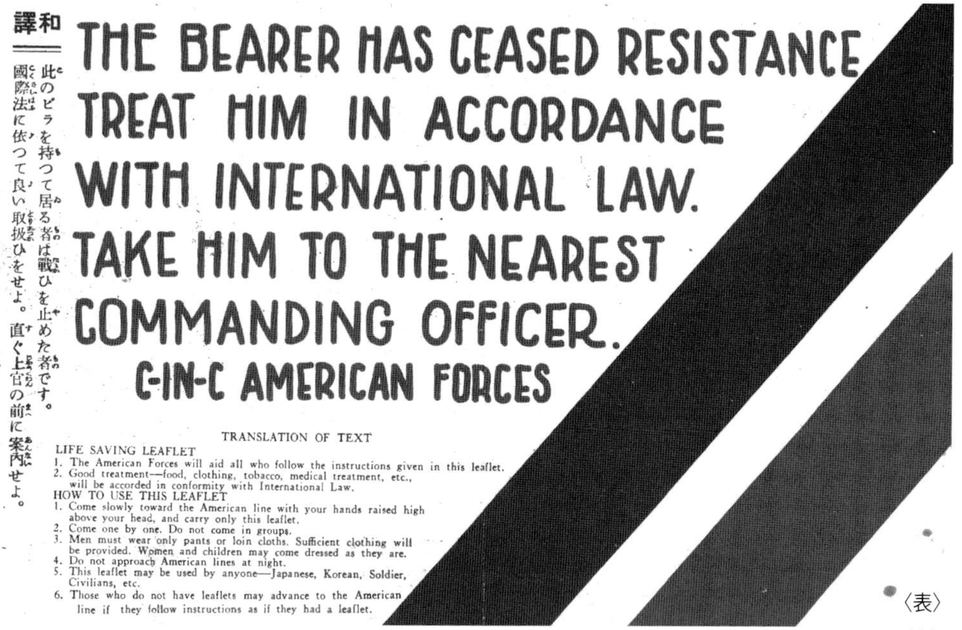

和譯

此《こ》のビラを持《も》つて居《ゐ》る者《もの》は戰《たゝか》ひを止《や》めた者《もの》です。國際法《こくさいはふ》に依《よ》つて良《よ》い取扱《とりあつか》ひをせよ。直《す》ぐ上官《じやうくわん》の前《まへ》に案内《あんない》せよ。

THE BEARER HAS CEASED RESISTANCE
TREAT HIM IN ACCORDANCE
WITH INTERNATIONAL LAW.
TAKE HIM TO THE NEAREST
COMMANDING OFFICER.
C-IN-C AMERICAN FORCES

TRANSLATION OF TEXT

LIFE SAVING LEAFLET

1. The American Forces will aid all who follow the instructions given in this leaflet.
2. Good treatment—food, clothing, tobacco, medical treatment, etc., will be accorded in conformity with International Law.

HOW TO USE THIS LEAFLET

1. Come slowly toward the American line with your hands raised high above your head, and carry only this leaflet.
2. Come one by one. Do not come in groups.
3. Men must wear only pants or loin cloths. Sufficient clothing will be provided. Women and children may come dressed as they are.
4. Do not approach American lines at night.
5. This leaflet may be used by anyone—Japanese, Korean, Soldier, Civilians, etc.
6. Those who do not have leaflets may advance to the American line if they follow instructions as if they had a leaflet.

〈表〉

〈裏〉

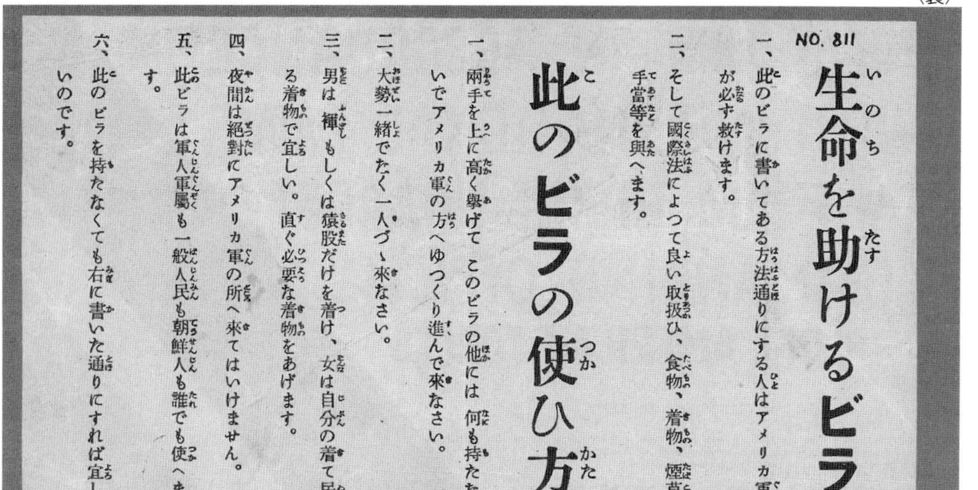

NO. 811

生命《いのち》を助《たす》けるビラ

一、此《こ》のビラに書《か》いてある方法《はうはふ》通《どほ》りにする人《ひと》はアメリカ軍《ぐん》が必《かなら》ず救《たす》けます。

二、そして國際法《こくさいはふ》によつて良《よ》い取扱《とりあつか》ひ、食物《たべもの》、着物《きもの》、煙草《たばこ》手當《てあて》等《など》を與《あた》へます。

此《こ》のビラの使《つか》ひ方《かた》

一、兩手《りやうて》を上《うへ》に高《たか》く擧《あ》げて このビラの他《ほか》には 何《なに》も持《も》たないでアメリカ軍《ぐん》の方《はう》へゆつくり進《すゝ》んで來《き》なさい。

二、大勢《おほぜい》一緒《しよ》でなく一人づゝ來《き》なさい。

三、男《をとこ》は 褌《ふんどし》もしくは猿股《さるまた》だけを着《つ》け、女《をんな》は自分《じぶん》の着《き》て居《ゐ》る着物《きもの》で宜《よろ》しい。直《す》ぐ必要《ひつえう》な着物《きもの》をあげます。

四、夜間《やかん》は絶對《ぜつたい》にアメリカ軍《ぐん》の所《ところ》へ來《き》てはいけません。

五、此《この》ビラは軍人軍屬《ぐんじんぐんぞく》も一般《ぱん》人民《じんみん》も朝鮮人《てうせんじん》も誰《たれ》でも使《つか》へます。

六、此《こ》のビラを持《も》たなくても右《みぎ》に書《か》いた通《とほ》りにすれば宜《よろ》しいのです。

沖縄戦で米軍が撒いた「生命を助けるビラ」(表・裏)。疲れ、お腹を空かせた兵士や住民を降伏に導くもの。ビラは、白地に赤、青で印刷されていて、遠くからも見分けがつきやすくなっていた。米軍は、沖縄戦末期、6月12日から21日にかけて、最後の心理作戦として数百万枚のこのビラを前線地域にくまなく撒いた。

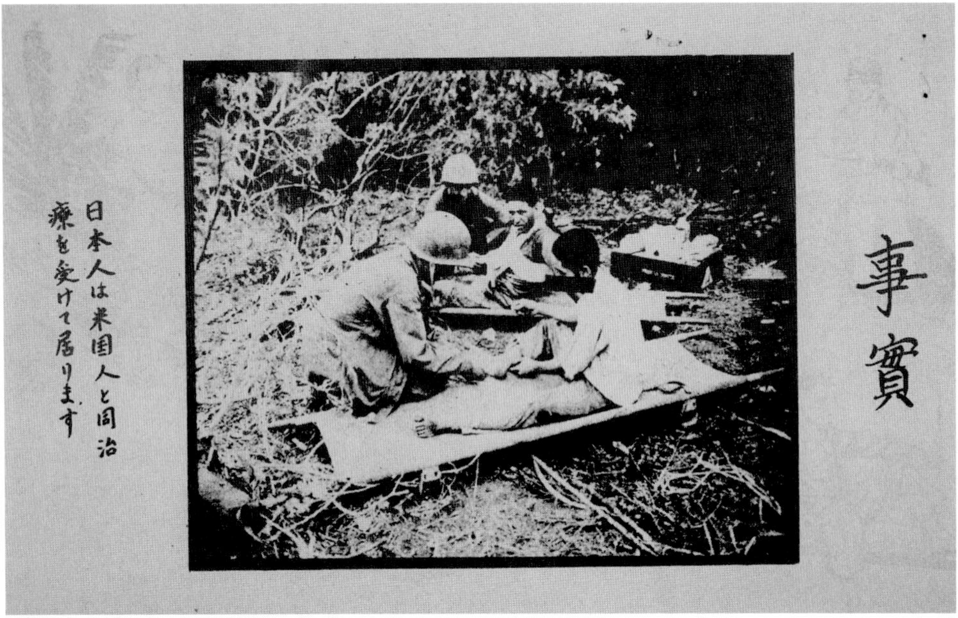

イラスト入りで投降の方法を知らせるビラ。米軍の医療手当を受ける守備軍兵士の写真を載せている（▲＝表、▼＝裏）。

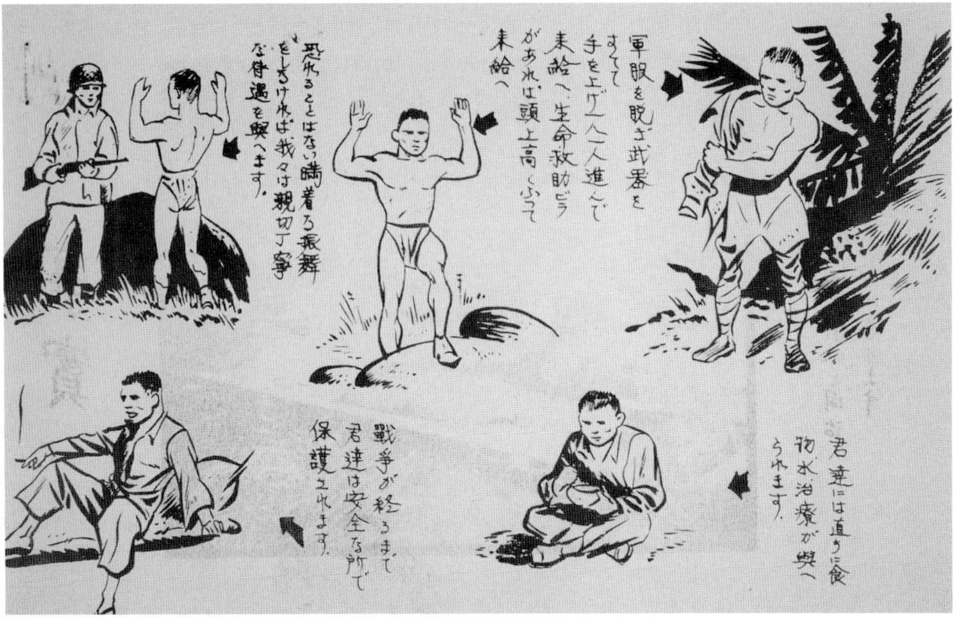

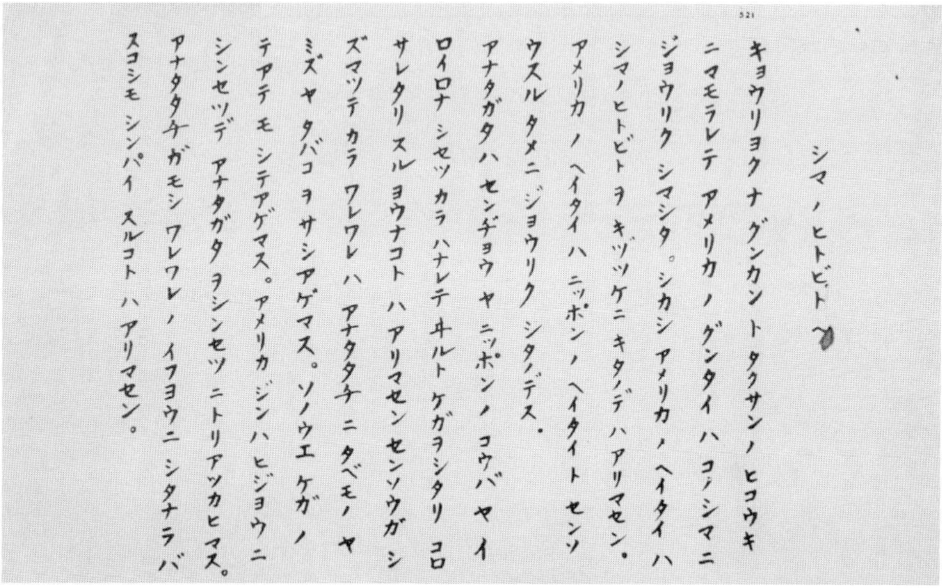

521

シマノヒトビト

キョウリョクナ グンカント タクサンノ ヒコウキ
ニマモラレテ アメリカノ グンタイハ コノシマニ
ジョウリク シマシタ。シカシ アメリカノ ヘイタイハ
シマノヒトビトヲ キヅツケニ キタノデハ アリマセン。
アメリカノ ヘイタイハ ニッポンノ ヘイタイト センソ
ウスル タメニ ジョウリク シタノデス。
アナタガタハ センヂョウヤ ニッポンノ コウバヤ イ
ロイロナ シセツカラ ハナレテ ヰルト ケガヲシタリ コロ
サレタリ スル ヨウナコト ハ アリマセン センソウガ シ
ズマッテ カラ ワレワレ ハ アナタタチ ニ タベモノ ヤ
ミズヤ タバコヲ サシアゲマス。ソノウエ ケガノ
テアテ モ シテアゲマス。アメリカジンハ ヒジョウニ
シンセツデ アナタガタヲシンセツ ニトリアツカヒマス。
アナタタチガモシ ワレワレノ イフヨウニ シタナラバ
スコシモ シンパイ スルコト ハ アリマセン。

▲カタカナの宣伝ビラ。ハワイの沖縄移民１世の賀数箸次さんがふるさと沖縄の住民に向けて作成した手書きのビラをもとに米軍が作成したもの。

▼とくに沖縄出身の青年男子と医師に向けて、新しい沖縄の建設のために命を無駄にしないで、と降伏をはたらきかけたビラ。

琉球週報

沖縄にて米軍着々南進す

太平洋方面最大戦と言はれる今度の海陸連合作戦は米國第十軍は四月一日早朝沖縄上陸に成功、第十軍は米國第五聯合艦隊附航空機及び艦砲射撃の援助の下に上陸を敢行した。之れと同時に英機動部隊は先島諸島の日軍陣地を制壓した。沖縄本島上陸の先陣として米軍は去る三月二十六日沖縄島西方の慶良間諸島を占領した。

米軍は殆んど無抵抗で沖縄上陸本島深く前進し直に兩翼を南北に伸張した。四月一日夕刻までに米軍は長さ三哩幅八哩の陣地を堅固に占めてゐた。占領地内には嘉手納及ヨンタン飛行場が位し居る。

此の作戦には太平洋方面に於て未だ見た事のない大艦隊が参加して居た。第十軍司令官陸軍中將バクナー閣下の指揮下に十万以上の陸軍陸戦隊及一千四百隻以上の艦船が活動して居る。第十軍は陸軍少將ハージ閣下の指揮される第二十四軍團と陸戦隊少將ガイガー閣下の指揮される第三海上機動團より編成されて居る。

四月三日には米歩兵部隊は沖縄東海岸まで突進し本島を二つに切斷して居た。第三海上機動團は北進第二十四軍團は南進して居る。第十軍の全戦線は重砲、飛行母艦機及第五艦隊の艦砲射撃の援助の下に前進した。一日の中に米陸戦隊は三千ヤード突進した。

米軍偵察機は米軍上陸翌日より嘉手納及ヨンタン飛行場より活動した。又戦鬪及爆撃機は嘉手納、ヨンタン飛行基地より迅速米軍前進を援助して居る。米陸戦隊は四月七日迄には石川の北方迄前進し第二十四軍團は着々と南方へ前進して居る。

然し迅速な前進の為第十軍の各部隊は戦線内の道路建設荷揚施設擴張及数十の沖縄市民の安詰の為少時休止するの止むなきに至った。米軍は四月十五日伊江島に上陸し數日後には飛行場と共に全島を占領した。

四月十九日第二十四軍團は沖縄島南端の日本軍へ猛撃を加へ大損害を與へ前進した。米軍占領地内の日本軍戦死者は四月二十六日迄に一万五千の大数に上った。

米海上機動部隊司令官海軍中將ターナ閣下は米軍の沖縄占領に依り日本の南洋への生命線は切斷され又日本聯合艦隊の南日本近海での活動及根據地を置く事は不可能となると發表された。

バクナー中将

東京で去る四月四日「もし沖縄が占領されたら日本は今日の不利な形勢を一變する望は無い」と讀賣報知は同様な意見を記載した。

此の間沖縄島の米軍は着々と増援され飛行場、軍事施設や許多の基地は海軍及航空部隊の援護の下に擴張されて居る。之れと同時に米海軍及航空部隊は日本軍兵站線を切斷し、日本軍増援を不可能にして居る。

戦艦大和撃沈

米航空母艦機は去る四月七日南九州沖五十哩の莫で帝國聯合艦隊旗艦大和を撃沈す。戦艦大和、巡洋艦二隻及び驅逐艦八隻は我が長距離偵察機に發見され其の報告により米國航空母艦隊附航空機約四百は其れを爆撃した。魚雷八發及び爆彈八つは大戦艦大和に命中し、さしもの大戦艦も見る間に沈没した。同時に巡洋艦二隻驅逐艦五隻を撃沈され大破された。驅逐艦三隻のみ猛烈な我が空襲からのがれ得た。我が損害は飛行機八機のみであった。米從行士によれば大和の高射砲撃は猛烈であった。然し驚いた事には日本飛行機一機も挑戦に現れ無かった。姉妹艦武藏も昨年十月二十四日フイリッピン海戦で撃沈され又今度の大和の撃沈により日本海軍には新式戦艦は一隻も無い。

聯合軍ベルリンに向け猛進

破竹の勢で猛進して居る英米加奈陀軍ドイツの三分二を占領す。占領地内には大工業地帯ルア地方及び製造業の最も盛な中部ドイツの許多の大都市が位して居る。

（第二面へ續く）

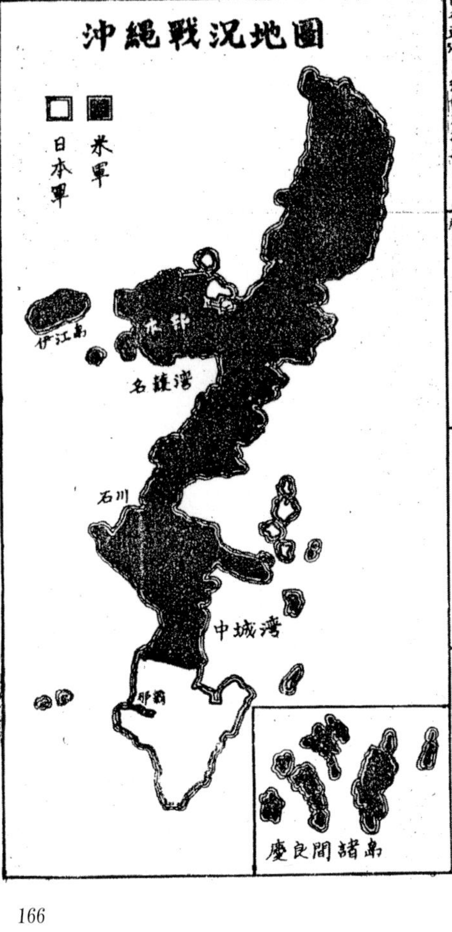

米軍は宣伝ビラとは別に「マリヤナ時報」「琉球週報」という2種類の宣伝新聞を作って沖縄の戦場で撒いた。「琉球週報」は沖縄で制作、印刷したもので、すべて手書きで、米軍が上陸したことを伝える第1号から号外を含めて第5号まで作成された。これは4月29日の第1号。

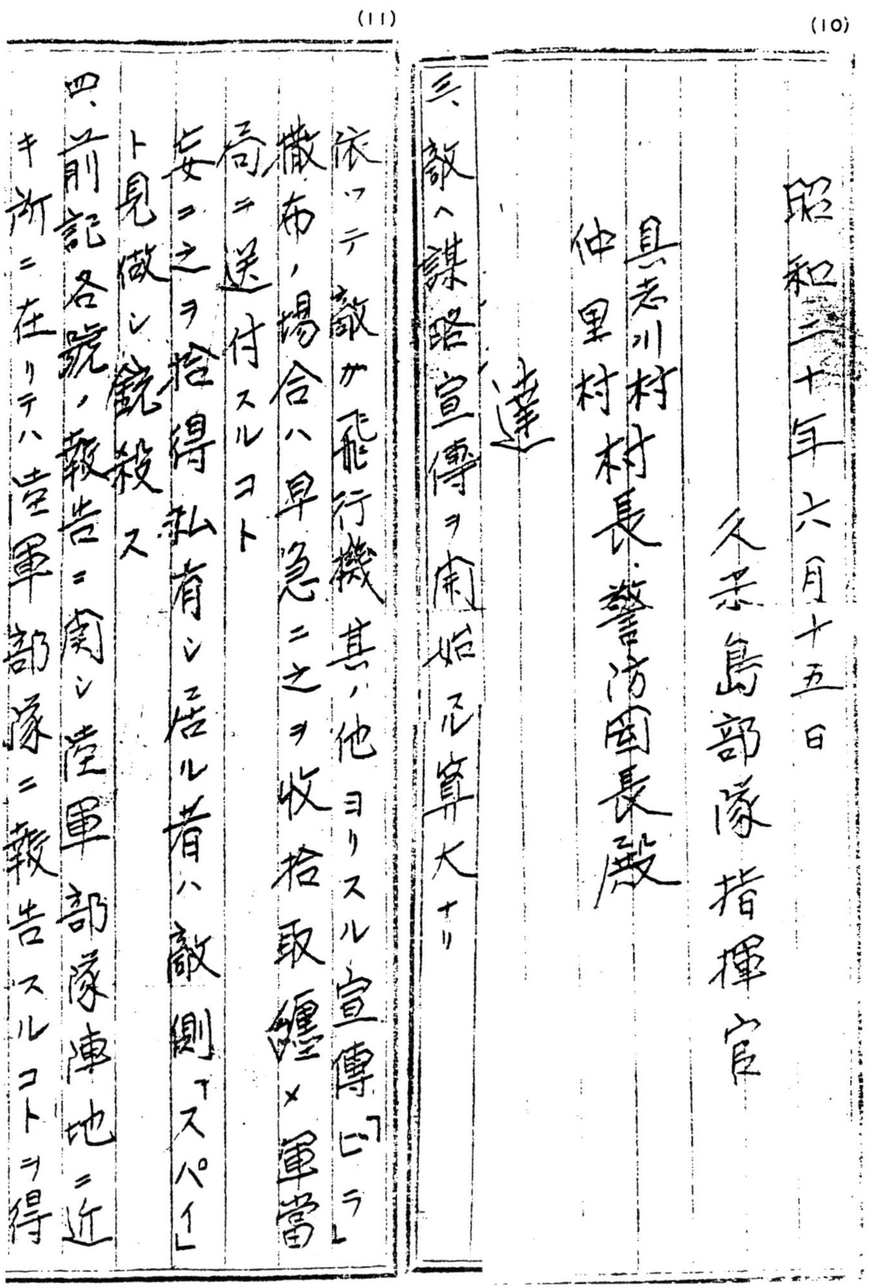

(10)

昭和二十年六月十五日
久米島部隊指揮官
具志川村村長
仲里村村長・警防団長殿
達
三、敵ハ謀略宣傳ヲ開始スル算大ナリ

(11)

依ッテ敵ガ飛行機其ノ他ヨリスル宣傳「ビラ」
撒布ノ場合ハ早急ニ之ヲ收拾取纏メ軍當
局ニ送付スルコト
妄ニ之ヲ拾得私有シ居ル者ハ敵側「スパイ」
ト見做シ銃殺ス
四、前記各號ノ報告ニ關シ陸軍部隊陣地ニ近
キ所ニ在リテハ陸軍部隊ニ報告スルコトヲ得

沖縄守備軍は、敵の宣伝ビラを拾得することを禁じた。上は久米島駐屯の部隊指揮官（鹿山兵曹長）の名前で村長、警防団長宛てに出された「達」（通達文書）。その三には、「宣伝ビラを拾得私有し居る者は敵側スパイと見なし銃殺す」とある。

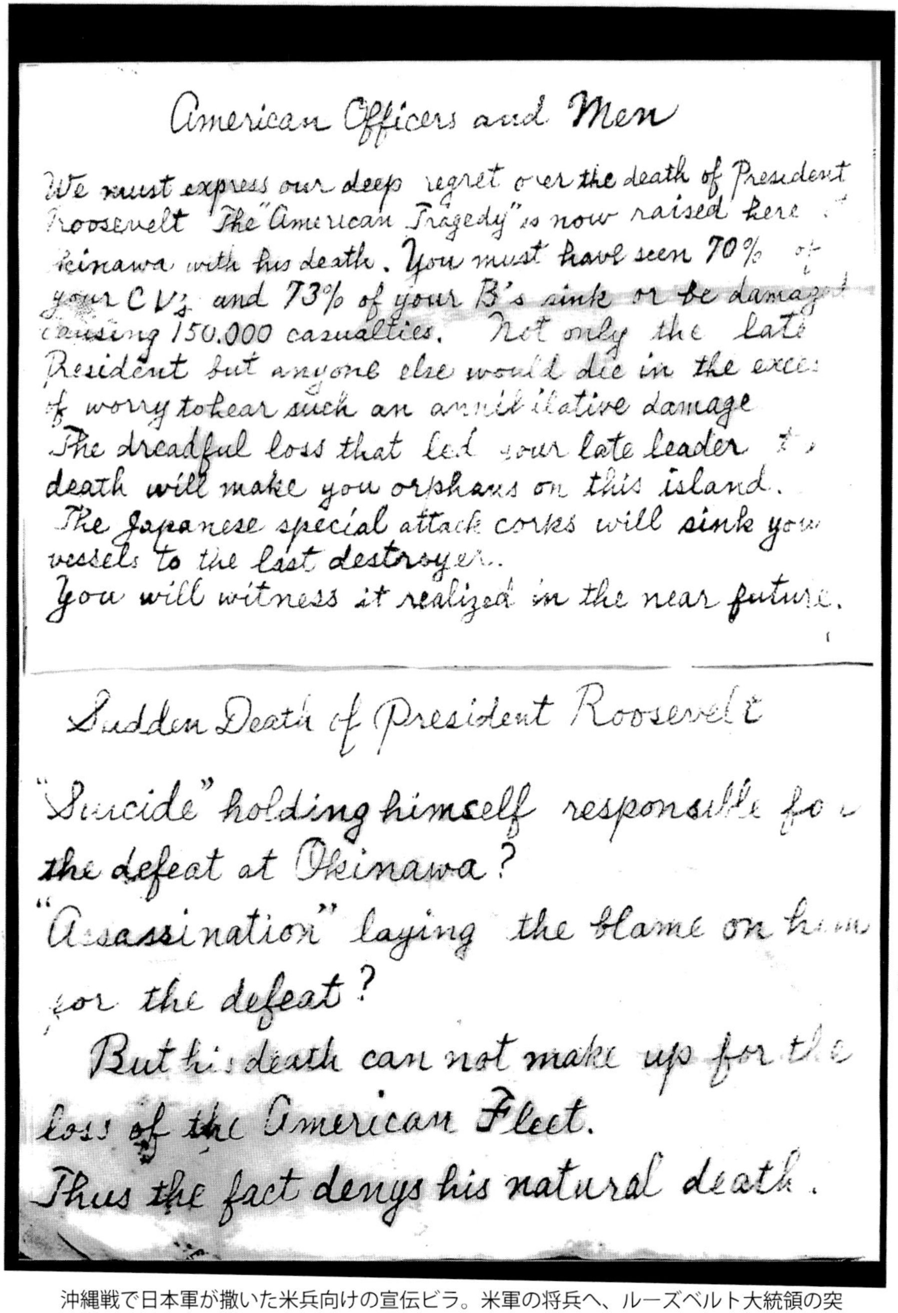
American Officers and Men

We must express our deep regret over the death of President Roosevelt The "American Tragedy" is now raised here at Okinawa with his death. You must have seen 70% of your CV's and 73% of your B's sink or be damaged causing 150.000 casualties. Not only the late President but anyone else would die in the excess of worry to hear such an annihilative damage The dreadful loss that led your late leader to death will make you orphans on this island. The Japanese special attack corks will sink your vessels to the last destroyer. You will witness it realized in the near future.

Sudden Death of President Roosevelt

"Suicide" holding himself responsible for the defeat at Okinawa?
"Assassination" laying the blame on him for the defeat?
But his death can not make up for the loss of the American Fleet.
Thus the fact denys his natural death.

沖縄戦で日本軍が撒いた米兵向けの宣伝ビラ。米軍の将兵へ、ルーズベルト大統領の突然の死を悼み、アメリカには勝ち目がないことを伝えるもの。

《資　料》　沖縄の慰安所マップ

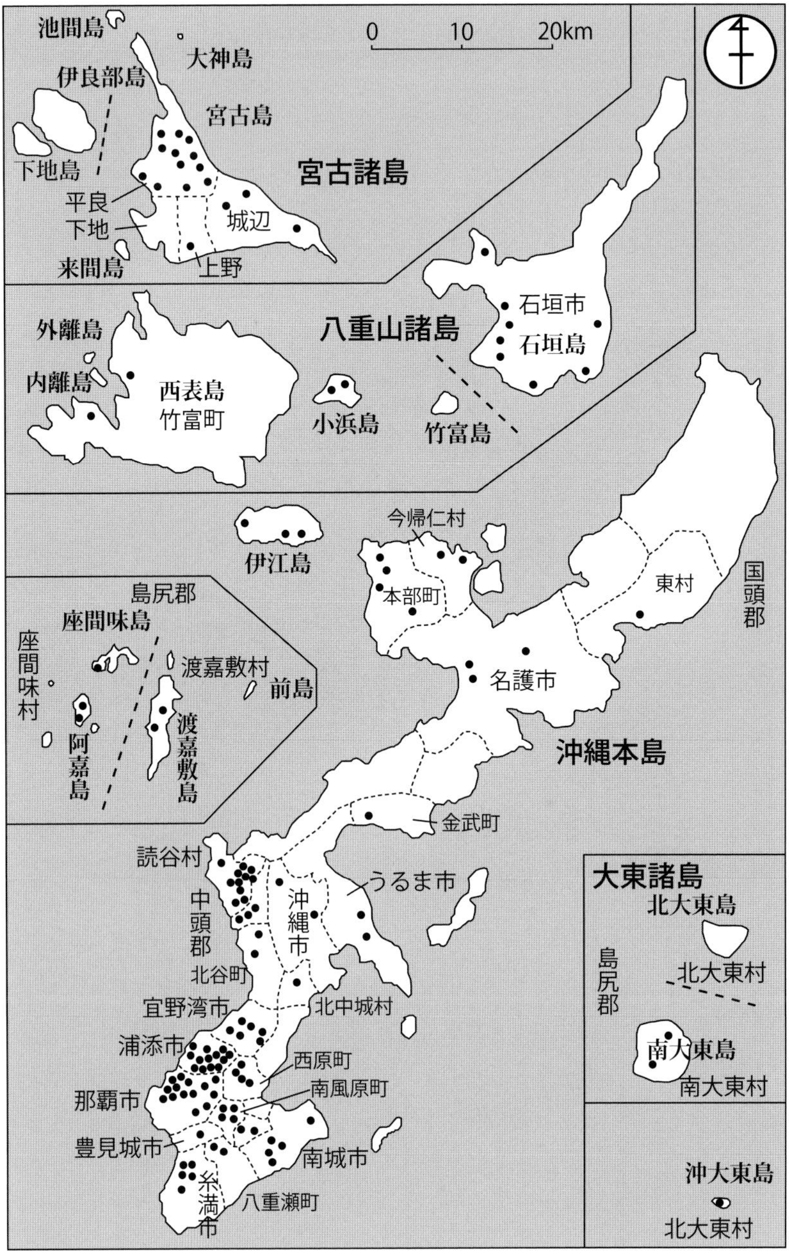

「第 5 回全国女性史研究交流のつどい報告集」（1994 年発行）に掲載されたマップに、現在の市町村名を反映させた。

「平和の礎《いしじ》」刻銘者数（2023 年 6 月現在）

※国内・国外別

	出身地	刻銘者数
日本	沖縄県	149,634
	県外都道府県	77,823
外国	米国（U.S.A）	14,010
	英国（U.K）	82
	台湾	34
	朝鮮民主主義人民共和国	82
	大韓民国	381
合計		242,046

1995 年 6 月 23 日に除幕された「平和の礎」。波型の御影石の 114 基の刻銘碑に、沖縄戦で死んでいった一人ひとりの名前が刻まれている。

※沖縄県内市町村別

市町村名	刻銘者数
国頭村	1,790
大宜味村	1,481
東村	618
今帰仁村	2,194
本部町	4,136
伊平屋村	314
伊是名村	456
伊江村	2,837
名護市	5,707
恩納村	1,473
宜野座村	627
金武町	1,414
うるま市	7,471
(旧石川市)	(1,330)
(旧具志川市)	(3,289)
(旧与那城町)	(1,803)
(旧勝連町)	(1,049)
読谷村	3,877
嘉手納町	1,447
沖縄市	5,437

市町村名	刻銘者数
北谷町	2,324
北中城村	2,088
中城村	5,202
宜野湾市	5,440
西原町	6,290
浦添市	5,801
那覇市	29,559
豊見城市	4,708
八重瀬町	7,452
(旧東風平町)	(4,749)
(旧具志頭村)	(2,703)
南城市	8,301
(旧玉城村)	(2,464)
(旧知念村)	(1,275)
(旧佐敷町)	(1,681)
(旧大里村)	(2,881)
与那原町	1,971
南風原町	4,487
糸満市	11,696

市町村名	刻銘者数
久米島町	1,103
(旧仲里村)	(583)
(旧具志川村)	(520)
渡嘉敷村	590
座間味村	679
粟国村	601
渡名喜村	292
南大東村	43
北大東村	9
宮古島市	3,297
(旧平良市)	(1,516)
(旧城辺町)	(589)
(旧下地町)	(500)
(旧上野村)	(199)
(旧伊良部町)	(493)
多良間村	169
石垣市	4,406
竹富町	1,146
与那国町	701

※各都道府県別

都道府県名	刻銘者数
北海道	10,805
青森県	570
岩手県	690
宮城県	637
秋田県	485
山形県	867
福島県	1,014
茨城県	755
栃木県	696
群馬県	881
埼玉県	1,138
千葉県	1,622
東京都	3,521
神奈川県	1,337
新潟県	1,236
富山県	879

都道府県名	刻銘者数
石川県	1,072
福井県	1,185
山梨県	551
長野県	1,376
岐阜県	1,075
静岡県	1,715
愛知県	2,973
三重県	2,728
滋賀県	1,691
京都府	2,544
大阪府	2.339
兵庫県	3,202
奈良県	591
和歌山県	916
鳥取県	555
島根県	745

都道府県名	刻銘者数
岡山県	1,847
広島県	1,672
山口県	1,209
徳島県	1,285
香川県	1,396
愛媛県	2,100
高知県	1,008
福岡県	4,030
佐賀県	1,033
長崎県	1,601
熊本県	1,975
大分県	1,491
宮崎県	1,854
鹿児島県	2,930
沖縄県	149,634

【参考資料】

■アクティブミュージアム『軍隊は女性を守らない』(女たちの戦争と平和資料館　2012年)
■石垣市総務部市史編集室『ひびけ平和の鐘』(石垣市　1996年)
■梅田正己ほか『新沖縄修学旅行』(高文研　2013年)
■大田静夫『八重山の戦争』(南山舎　1999年)
■財団法人対馬丸記念会『対馬丸記念館公式ガイドブック』(同記念会　2010年)
■林博史『沖縄戦が問うもの』(大月書店　2010年)
■ひめゆり平和祈念資料館『ひめゆり平和祈念資料館』資料(同資料館　2006年)
■藤原彰『沖縄戦―国土が戦場になったとき』(青木書店　1987年)
■防衛庁防衛研修所戦史室『沖縄方面陸軍作戦』(朝雲新聞社　1968年)
■防衛庁防衛研修所戦史室『沖縄方面海軍作戦』(朝雲新聞社　1968年)
■琉球新報社『沖縄戦新聞』(琉球新報社　2005年)

【大田昌秀・本書関係著作】

◆『総史沖縄戦』(岩波書店　1996年)
◆『これが沖縄戦だ』(那覇出版社　2005年)
◆『沖縄戦下の米日心理作戦』(岩波書店　2004年)
◆『那覇10・10大空襲』(久米書房　1984年)

大田　昌秀（おおた・まさひで）

1925年、沖縄県久米島に生まれる。1945年、沖縄師範学校在学中に鉄血勤皇師範隊の一員として沖縄戦に参加、九死に一生を得て生還。戦後、早稲田大学を卒業後、米国シラキュース大学大学院でジャーナリズムを学ぶ。修了後、琉球大学社会学部で教授として研究・指導を続ける。1990年、沖縄県知事に就任、2期8年務め、平和・自立・共生をモットーに県政を行う。「平和の礎」や「新沖縄県立平和祈念資料館」「沖縄県公文書館」などをつくった。2001年、参議院議員（1期6年）。

知事退任後、大田平和総合研究所、沖縄国際平和研究所をつくり平和研究を続けた。2017年6月没。享年92。

戦後、一貫して沖縄戦と平和をテーマに研究を重ね、著書は80冊余に上った。主なものに、『沖縄の民衆意識』『近代沖縄の政治構造』『沖縄のこころ』『写真記録　これが沖縄戦だ』『総史　沖縄戦』『検証　昭和の沖縄』『沖縄の決断』『死者たちはいまだ眠れず』『こんな沖縄に誰がした』『大田昌秀が説く 沖縄戦の深層』『沖縄鉄血勤皇隊』など。

決定版・写真記録 沖縄戦

――国内唯一の〝戦場〟から〝基地の島〟へ――

●2014年 5月 1日――――――第1刷発行
●2024年 3月 10日――――――第6刷発行

編著者／**大田　昌秀**
沖縄国際平和研究所

発行所／株式会社　**高文研**
東京都千代田区神田猿楽町 2-1-8　〒101-0064
TEL 03-3295-3415　振替 00160-6-18956
https://www.koubunken.co.jp

印刷・製本／三省堂印刷株式会社

★乱丁・落丁本は送料当社負担にてお取替えいたします。

ISBN978-4-87498-543-4 C0021